橙黄橘绿时

上

马曙明 董骞骞 编著

天光乍现，有一股灵泉从天柱山麓喷涌而出，水面之上生出数朵白莲……从此，这里就有了一个新的名字——涌泉。

九州出版社
JIUZHOUPRESS

图书在版编目（ＣＩＰ）数据

橙黄橘绿时 / 马曙明，董骞骞编著. -- 北京 : 九
州出版社，2023.7
ISBN 978-7-5225-1959-3

Ⅰ. ①橙… Ⅱ. ①马… ②董… Ⅲ. ①乡镇－文化史
－临海－通俗读物 Ⅳ. ①K295.55-49

中国国家版本馆CIP数据核字(2023)第120304号

橙黄橘绿时

作　　者	马曙明　董骞骞　编著	
责任编辑	姬登杰	
出版发行	九州出版社	
地　　址	北京市西城区阜外大街甲35号(100037)	
发行电话	(010)68992190/3/5/6	
网　　址	www.jiuzhoupress.com	
印　　刷	杭州万星印务有限公司	
开　　本	710毫米×1000毫米　　16开	
印　　张	16	
字　　数	195千字	
版　　次	2023年7月第1版	
印　　次	2023年8月第1次印刷	
书　　号	ISBN 978-7-5225-1959-3	
定　　价	98.00元(上下册)	

编纂委员会

主　　任：马　韬　　张　骞

副 主 任：张　驰　　柳　青

委　　员：（按姓氏笔画）

马　韬　　马曙明　　李　鸿　　李达飞　　李明亮

杨红峰　　吴哲东　　张　驰　　张　骞　　陈鱼观

若　水　　林夕杰　　林天喜　　林新荣　　柳　青

董骞骞　　蒋兴刚　　戴可杰

大美涌泉（王为君 摄）

● 茶园春色

● 梅岘村古橘王

● 灵江特大桥（徐仙金 摄）

● 傍晚时分（蔡志敏 摄）

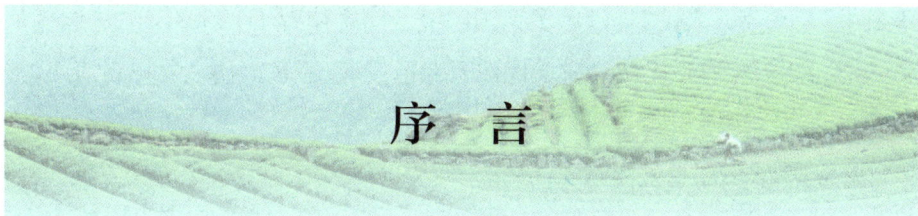

序 言

　　山水之会，云烟出岫，泉涌白莲，名为涌泉。涌泉风俗朴野，少盗争，古时盐商往来，设新亭监以兴船运，耕读传家，立南屏书院绵延学脉。今涌泉工业立镇，柑橘傍身，旗袍成衣，百姓日食稻鱼，邑居缮完，物丰人和，加之有长乐兰田诸峰，蔚然深秀，自有四旬之美，无不可爱。

　　我少时便在涌泉生活过，大概是缘分使然，又在组织安排下到涌泉工作近5年，对涌泉这片土地总是抱有一种天然的眷恋与亲近。滴水之恩，涌泉相报，涌泉此名生来自带一股柔软慈悲的味道。晋太康年间，任九妹始建延恩寺，结庵念经以感天地，祈得泉涌之处繁花似锦，涌泉也成为临海佛教发源地，后唐朝怀玉和尚在延恩寺诵经修持，日"念弥陀佛五万"，执持律法，名节峭然，延恩寺也随之香火日隆，声名渐起。2021年的冬天，卖橘小哥一句"不用客气，帮不了国家什么大忙，遇到了就想着出点力"感动了全中国，为"涌泉相报"又赋予了新一层质朴炽热的爱国情怀。

　　一方慈悲的土地孕育了一方勤劳善良的百姓。涌泉人民都有着抱朴含真的脾性与自给自足的底气，晨兴理荒，带月荷锄，依靠着"天下一奇，吃橘带皮"的涌泉蜜橘，用双手与汗水丰衣足食。涌泉柑橘的栽种史可追溯到三国时期，《临海水土异物志》中记载"鸡橘子，大如指，味甘"，隋唐时期被列为贡品。1989年至今，涌泉柑橘屡次在省部级以上的评比会上夺魁，多次获金奖和"中华名果"等殊荣,《人民日报》等多家国家级新闻媒体曾于1999年以"中国橘价第一贵"为题,对涌泉柑橘品质之优作了专题报道,涌泉蜜橘从此声名鹊起,誉满浙江,扬名全国。

发展到如今,涌泉蜜橘已实现从重产量转向重品质,从被动"靠天吃饭"到主动"看天管理"的双重转型,先后入选第一批全国种植业"三品一标"基地与第十二批全国"一村一品"示范村镇。建设临海市柑橘采后处理中心,运行华东地区最大、全省第一条6通道柑橘数字化分选线,每小时分选柑橘3万余斤,年处理1.5万吨商品果,实现柑橘酸度糖度"私人定制",带动近2万亩柑橘增值。打造省级现代农业园区临海市柑橘科技园项目,通过信息采集系统、环境智能控制化

● 山水涌泉(孙　浩　摄)

系统,开展新品种、新技术引进和试验示范工作。目前,全镇柑橘种植面积6万余亩,年产值可达6亿元,拥有6家浙江省名牌产品,1家省级农业龙头企业,4家台州市级农业龙头企业,3家临海市级农业龙头企业。

除了闻名于世的无核蜜橘,涌泉还有一个鲜为人知的产业——旗袍制衣。一袭旗袍临水照花,映衬的是芳华绝代的中国韵味。涌泉从清代开始盛行绣花,早在20世纪50年代就已掌握彩色绣花技术,并成为台州旗袍加工的重点乡镇。20世纪80年代末,镇内加工制作旗袍的公司及作坊已遍地开花,经过几十年的发展,涌泉旗袍企业成为苏杭旗袍市场的主力军,年销售额近10亿元。G20峰会期间,来自涌泉的旗袍企业还作为中国杭州丝绸城的形象店面之一接待外宾。在涌泉,旗袍早已超越了服装的概念,成为橘乡百姓向外界展示当地风土人情的一个重要的文化符号。今年,在各级领导的大力支持下,涌泉开始启动临海市涌泉旗袍产业园项目建设,旨在建立一个具有集聚效应的全国性旗袍批发、零售综合市场,通过"内育外引"推动产业市场双回归。

大多数人都认为涌泉是纯农业镇,实际上涌泉还拥有着船舶制造、医药化工等传统制造产业。在造船业调整转型、全面做强的3.0时代,涌泉的船舶企业正全力推广新型造船工艺,进一步提升在内贸运输市场的竞争力。医药化工企业思新求变,多次牵头制定国家行业标准,打造"浙江制造精品",在全行业提升"涌泉制造"话语权。

一年好景君须记,最是橙黄橘绿时。放眼今天的涌泉,人才纷至沓来,产业蓬勃发展,农民农村内生活力持续迸发,正是一片未来可期、好景常在的大好光景。

今受邀为此书作序,盛情难却,荣幸之至,谨以此拙笔浅文表示祝贺,愿岁岁年年,共沾春风。

● 高铁通橘乡

目 录
—— CONTENTS

第一部分　岁月悠悠的小镇

泉涌水似莲	/ 2
古刹存遗韵	/ 5
瓷染千峰翠	/ 38
相伴岁月长	/ 39
东西桥南北	/ 48
往来坐清凉	/ 51
甘甜勿相忘	/ 53
记忆也无声	/ 57
彰显示后人	/ 61
古镇有遗风	/ 63
代代禋祀地	/ 69
朝花在夕拾	/ 73
源深流之远	/ 87

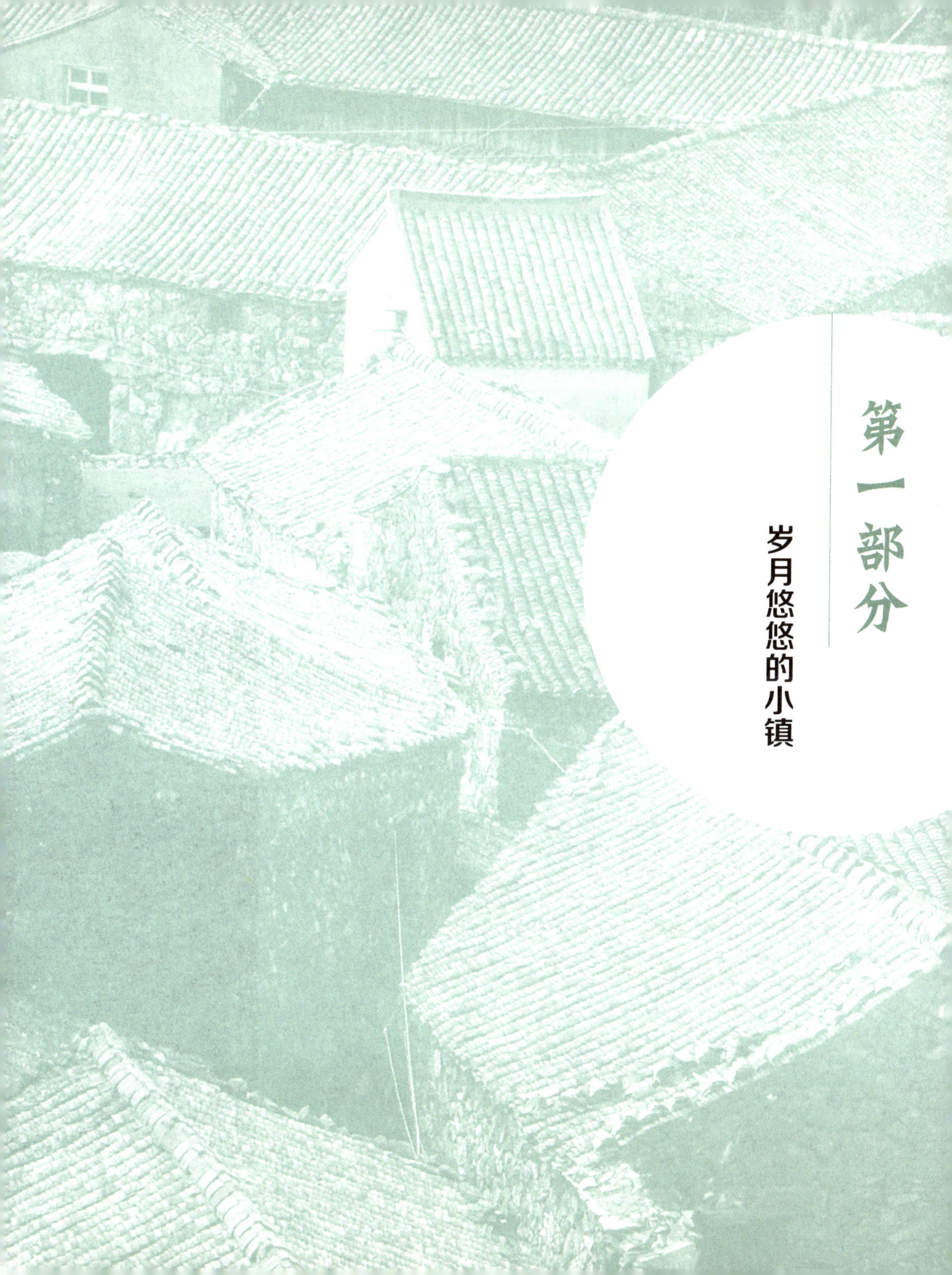

第一部分

岁月悠悠的小镇

泉涌水似莲：涌泉之名由来

涌泉地处东海之滨，灵江之畔，南近马头山，与雁荡山遥相呼应；北有牛头山水源流经，与天台山相比邻，是一个钟灵毓秀、物华天宝的江南小镇。

每一个初识涌泉的人，都会下意识地猜想是否取自"滴水之恩，涌泉相报"这句俗语。涌泉，一个天生带着慈悲感的名字。涌泉的由来虽然并非取自这句俗语，却也充满了传奇色彩。

两汉之交，佛教传入中国，后经不断传播，至魏晋时期兴盛。正是这一时期，东晋章安出现了一名士，名为任旭。任旭一生"洁静其操，岁寒不移"，在晋代高层社会中名声很大，被收入《晋书·隐逸传》，是正史列传的第一位台州人。任旭有一个妹妹，名为任九妹。从小，兄妹俩感情就很好。在时局纷乱的魏晋时期，名士避世弃儒，莫不以"般若性空"的佛教思想以充其学，或增清谈之资。九妹在哥哥的影响下，品行高洁，思想豁达，对佛教文化兴致颇浓。儒家思想式微的同时，当时社会女性自我意识崛起。任旭以其睿智和通达鼓励九妹遵从本心，遁入空门。

● 山水涌泉(孙 浩 摄)

　　九妹在思索过后,当即决定在天柱山附近结庵念经。心无旁骛苦苦修炼,九妹终于感动了天神。一日,九妹和往常一样早起念经。天光乍现,有一股灵泉从天柱山麓喷涌而出,水面之上生出数朵白莲。泉水顺着土地一路绵延,所到之处花繁树茂,当地百姓无不称奇、叩拜。从此,这里就有了一个新的名字——涌泉。

古刹存遗韵：古迹篇

◎　延恩寺

关于延恩寺的故事，还要从1700年前的晋代说起。

晋代太康年间（280—289），一位女子背着蓝布包袱，手拄木杖，踽踽独行，来到了天柱山下。望着眼前的青山，女子久久未语，若有所思。忽然，她粲然一笑，心有所触，当下做了一个决定——在此结庵以居。她不是别人，正是当时赫赫有名的名士任旭的妹妹任九妹。历经大半年，天柱山麓耸起了一座寺庙，初名为"延恩寺"。从此后，任九妹隐世延恩寺内，日诵法华，不问世事。

延恩寺是如今临海所有寺院中最年长的一座。在任九妹建寺后,又于太元十八年(393)新建了寺塔,有"大斧、中斧、小斧"的砖铭。其间,当地人一直对延恩寺心存敬畏,四时皆以香火供养。而寺院真正的兴盛,当属唐代的武则天时期。彼时,净土宗高僧怀玉(? —742)从弥陀寺来此。在他修持的40余年间,寺院传奇频出,在民间声名鹊起。

怀玉出生在临海楼石村(今马头山浦口),俗姓高,当地人又称他为高玉禅师。怀玉来到涌泉后,一直在延恩寺内修持。作为虔诚的信徒,怀玉一生执持律法,名节峭然,箪食瓢饮,布衣自得。他每日的日课要"念弥陀佛五万",先后累计"口诵《弥陀经》三十万卷"。如此数十年如一日,无间寒暑,从不停息,最终修成正果,得以往生"西方净土"。

● 延恩寺一角

● 涌泉寺章安佛学院(董骞骞 摄)

据传,唐代中叶,延恩寺曾遭火焚,300多僧众无处栖身,寺院重修迫在眉睫。方丈怀玉亲自前往海中的大象山募木,而归来时却只身一人不见运输车辆。百姓不解,以为怀玉是无获而返,却见他踱步至寺院中的一口井旁,口中念念有词。刹那间,井水泛起波澜,紧接着一根直径与井口大小相近的木头在井中冒头。大家欣喜若狂,急忙将木料拔了上来。说来也怪,拔完了一根又来了一根,众人一直拔了三天三夜还没拔完。此时,怀玉问一旁的寺匠木料是否足够。寺匠不假思索便答:"够了!"哪知话音刚落,一根木料恰好浮出一半,另一

● 延恩寺内(董骞骞 摄)　半卡在了井底,任凭众人如何用力都不

7

能撼动分毫。经清点,建寺木料还缺一根栋梁,寺匠灵机一动,将浮出的半根木料截下用作栋梁。怀玉建寺运木的传说,曾在当时引起了一阵轰动。这一遗迹,现已被列为市级重点文物保护单位。后有顽皮儿童以木石敲井,铮铮有声。此井不深,仅二尺有余,但味甘于别井,冬温夏凉,人称圣泉。每逢大旱,一乡数千人取之不竭。

唐天宝元年(742)六月九日,怀玉恍惚中看见数不清的"西方圣像"来到他的面前。其中,有一位手擎白银台来迎引,可是怀玉不肯随他而去。他说:"我一生诵了这么多的经文,念了这么的多的佛号,应该用金台迎引。"到了六月十三日,再有白毫光现,圣众满空,果然出现了金台使者。于是怀玉口诵一偈:"清净皎洁无尘垢,莲花化生为父母。我修道来经十劫,出示阎浮厌众苦。一生苦行超十劫,永离婆娑归净土。"话落,香气满空,海众遍满。怀玉死后,他的肉身即被塑置于延恩寺佛龛内。

● 延恩寺全景

8

● 雾锁橘林

由此看来，涌泉与佛有着不解的渊源。这也说明了，此处的人们都有着坚定的信仰与善良的脾性。一方水土养一方人，慈悲的土地孕育了世代传承的美好乡风。

及五代，有名僧景欣住持讲法，其弟子有著名的六通绍。明代末年，在临海有着极高威望的道奇大师入寺主持，听者甚众，重建大殿、斋堂、禅房等，开放放生池，广植竹柏，使得一度沉寂的延恩寺得到了中兴。

清康熙（1662—1722）时，寺院损毁严重，但很快重建。康熙十九年（1680），乡绅冯碱捐资新建法堂。此

● 延恩寺（牟新海 摄）

9

后,又建又毁,又毁又建,道光十七年(1837)复重建。后因寺僧管理无方,日渐凋残,再也不成规模。民国三年(1914)再建,历时十年始现往日气象。

寺院现有大雄宝殿、天王殿、伽蓝殿、智者大师纪念堂、章安大师纪念堂、祥云楼、方丈楼以及龙珠山宝塔等建筑,这些都是人们游赏的好地方。其中伽蓝殿和大雄宝殿所供颇有特色,他们分别为中间的晋徵君任旭,左边的宋右丞相杜范和居右的任旭女弟任九妹。

◎ 新亭监与顾况

涌泉以"甜蜜"而扬名天下,而早在唐朝这里却是台州盐业的集散地,是当时江南十大盐监之一。

临海东濒大海,台州湾两翼海涂广阔,历来为渔盐之乡,所产的盐远销处州、婺州、衢州等地。榷盐始自中唐,盐监是唐王朝征收管理盐税、盐业的机构,长官称"监"。临海新亭盐监设立于唐乾元元年(758),管辖台州湾两岸沿海地带的盐业生产和销售。滔滔灵江水连

● 顾况像

天,点点白帆运盐忙,描绘的就是唐时临海新亭监江面上的忙碌景象。

新亭监所在地,今称新亭头,现属临海市涌泉镇王岘办事处,傍临灵江北岸,是历来台州府城的要地,连接天台、东阳等地,可通万吨轮船。

顾况任新亭监之事,最初见于唐李绰《尚书故实》。顾况是中唐时期著名的诗人和画家,一生勤奋,著作甚丰,颇好吟咏,工画山水。然其为官清正,放荡

善谑,不修检操,敢于讥讽权贵,仕途坎坷。唐乾元年间,为当朝权贵所不喜,遭贬谪出京任新亭首任监官。

此次出京,顾况并没有众人想象中的失意。恰恰相反,他内心甚至充满了对任地的憧憬。新亭上通天台名山,下达浩瀚东海,是顾况和好友们相约为伴作画的神往之地。顾况先由新昌剡溪入天台,走的是李白、杜甫游天台山同一路线。一路上,江南秀美的山水让顾况诗兴大发。泛舟湖上,他当即赋诗一首,曰:"灵溪宿处接灵山,窈窕高楼向月闲。夜半鹤声残梦里,犹疑琴曲洞房间。"

数月间,顾况一路游玩,来到了涌泉的新亭监。在新亭监任职期间,顾况曾探险天台石梁飞瀑,极目东海滔天白浪,偕好友游览巾山,以山海之雄奇,驱入丹青之笔端。涌泉的山山水水,当地百姓的生活景象,都成为他诗中的常客。他所作的《临海之居》诗二首,就描绘了涌泉旧貌换新颜的热闹景象:"此是昔年征战地,曾经永日绝人行。千家寂寂对流水,唯有汀洲春草生。""此去临(灵)溪不是遥,楼中望见赤城标。不知叠嶂重霞里,更有何人渡石桥。"

顾况作别新亭,大约是在大历二年(767)前后。此时的顾况,站立船头,望着渐行渐远的新亭监,心中满是不舍的缱绻。短短的相逢,胜似夕年朝暮。新亭监、涌泉、这片硬气与秀丽并蓄的土地,都成为他一生中难忘的记忆。

◎ **南屏书院**

树木葱茏,溪涧清泉潺潺,鸟兽虫鱼呦呦。登高远眺,暮霭沉沉,恍若仙气萦绕山头。这里,描写的就是涌泉的南屏山。

南屏山位于涌泉镇东南 1 公里处,海拔 141 米。比起众多名山大川,它也许并不能让人一眼惊艳。但是山中的南屏书院,却走出了代代豪杰,为台州文脉传承落下了浓墨重彩的一笔。

南屏书院,是涌泉文化教育的发祥地。明嘉靖年间里人冯凤池建,后废,清乾隆岁贡冯赓雪重建,同治年间刘璈知府扩建规模,捐资民田六十余亩,以为书院

南屏书院(吴哲东 摄)

膏火。岁月忽而远去,历史积满尘埃,在崭新的时光里,南屏书院显得有些古旧,但是始终会有人记得它曾经的辉煌。

驰名中外的抗倭援朝名将王士琦,少年时期就是南屏书院里度过的。王士琦(1551—1618),字圭叔,号丰舆,王宗沐次子,明末名将,军事家,万历十一年(1583)进士,历任南京工部主事、兵部郎中、福州知府。嘉靖二十三年(1544),王宗沐中进士,被授予刑部主事,曾先后到广西、广东、江西等多地任职,官至刑部左侍郎、凤

王宗沐像

阳巡抚。常年在外奔波的他,对家中四个儿子的教育一直都很看重,却又苦于难以兼顾。这时,他想到了自己的同门师兄弟冯良念。虽然王宗沐再三邀请冯良念到家中授课,但是都被有着文人气节的冯良念拒绝。王宗沐索性打发孩子们,逐一到冯良念家中登门求教。被王家诚意打动的冯良念不仅挑起了教育王家四子的重任,还照顾起了他们的起居,先后长达20余年。

● 王士琦像

因为冯良念没有孩子,所以他就把王家四子视如己出。南屏书院里,冯良念倾其一身之才,潜心授课,孩子们进步得很快。俗话说,青出于蓝而胜于蓝。王家四子长大成人后,都非常有出息。长子士崧官至刑部主事;次子士琦,官至右都御史、巡抚大同;三子士昌,官至右佥都御史、巡抚福建。尤其是王士琦至今在中朝两国关系史上都有一定影响。

从南屏书院出发,在老师的目送之下,少年们去往了更广阔的天地。此后的岁月,冯良念守着书院,常约好友们览胜山水,逢景赋诗,别有一番乐趣。直到51岁那年,他突患疾病,从此一病不起,最终撒手人寰。接到报书的王家父子,心中极其悲痛。山高水远,少年们正如当初离去般快马加鞭赶回。这一次,换我们送你离开。

到了清代,南屏书院更加兴盛。涌泉冯氏,是当地的望族,他们的子弟大多师从南屏。冯甦自幼奇慧,目有重瞳。6岁能作文,长益笃学,尤长于史。为官后,他所到之处,凡地方文献、旧志残编,无不搜览;山川地理、江河险隘,多

13

所勘踏,且一一记之于心,笔之于簿,公暇总以读书著述为事。康熙年间,冯甦官至左侍郎又兼侍讲及殿试读卷官。有一次在大殿上,康熙帝随兴出了一题让百官赋诗以对。正当众人苦思冥想时,冯甦从容地在纸上写下了诗句。康熙帝看后,连连称赞他才思敏捷,并"传示公卿交阅"。

清代,台州唯冯甦与齐召南官位最显,皆登侍郎,而清初则冯甦一人而已。康熙帝曾多次称赞他为"品望才情,远出魏象枢之右"。纵观冯甦一生,虽臻显宦,不废操觚,堪称清初仕、学并显之一代闻人。这也与南屏山、南屏书院的气质不谋而合。坚守初心,方得始终。无论走得多远,总也忘不了迈出的第一步。

● 南屏书院一侧(吴哲东 摄)

◎ 老街风韵

如果要认识一座城镇,不妨先去它的老街走一走。

依偎在灵江之畔的涌泉镇内,至今仍保留着旗杆里、兰竹居、新屋里等大量清代建筑。涌泉老街就像一根带子,串联起了小镇内的各类建筑。透过长长的老街,可以望见涌泉过往的岁月与时代的兴衰。

● 涌泉老街

涌泉街呈曲尺形,分上街、下街、横街,上街、下街俗称直街,东西走向,长650米,横街长200余米。街面铺甃白石板,老街为明嘉靖间冯晚桂始砌石成街,道光时火毁,后经20余年街面构筑完整以成形,横街稍迟为清代冯申远所经营。漫步老街之上,两旁店铺林立,人声鼎沸。每逢集市,山上村民下来赶集,摩肩接踵。依稀可以看见老街20世纪80年代作为古镇商贸中心的风华。

冯益昌、黄梦霞两家茶行是老街上的标志老店。这两家茶行从事茶叶收购加工分档贮运,主要贩销到武汉、上海、营口等地。走南闯北的生意人,肚子里有着说不完的故事。在交通不发达的20世纪,这两家茶行是当地人认识外面世界的窗口。每逢集市,涌泉镇内各个地方的人都会将脚步在这里停一停,兴致勃勃地听贩茶回来的老板、伙计说说涌泉以外的变动,看看他们这次又带回来哪些新奇物件。

清代的涌泉,文风昌盛。街上旧有明代牌坊三座、清代牌坊一座,村里族人引以为荣。旧在上街口双凤桥西侧立"双进士坊",明天启年间(1621—1627)为冯银、冯沉兄弟中进士而建。横街中有二座,北头街口明嘉靖四十年(1561)为抗倭烈女冯光奴建烈女坊立旌其门。明隆庆间(1567—1572)为冯良亨、冯宁侯、冯应麒、冯学易叔侄中举立"叔侄登科坊"于南头街口。清宣统二年(1910)为附贡生冯秦瞻继配徐氏建"百岁坊"立灵夏殿东侧,这些石坊"文革"时全部拆毁,今坊址犹存。村中的魁星楼、唯明楼等已成为逝去的历史旧影。今上街有清武进士御前侍卫冯楚燊故居旗杆里,下街有清冯赓雪故居兰竹居。

鲚鱼,又称刀鱼,是老街上不可不尝的一道美食。灵江水域,浮游饵料丰富,适宜鲚鱼繁殖。春夏间,成批的鲚鱼从东海洄游灵江产卵,至秋后入海。因此,每年清明至端午前后,是捕获鲚鱼的旺季。刚刚出水的鲚鱼将被渔夫们送往老街的酒楼内,趁着新鲜赶紧制成各类美食。因为肉质细嫩、味道鲜美,鲚鱼的食法多为清炖、红烧、油炸,味道是典型的南方咸香口味。尤其是油炸的鲚鱼,鲜而香脆,佐以酱醋,为下酒的佳肴。另外比较受食客欢迎的做法,便是传统的烘干法。将新鲜的鲚鱼放在热铁锅里用文火先烙一下,使鱼面干燥,而后再放在炭火上焙烘成松脆的鱼干,做汤面时放上几片,鲜美至极。

在鲚鱼空档的几个月里,横山前虾是食客们的心头好。每年的小暑后秋分前,灵江中盛产一种铅笔粗细、长约三四厘米、通体晶莹剔透、肉质鲜美的小虾。此虾是在涨潮时从大海中涌进来的,因此,渔民只有在涨潮和平潮时,在横山前村对面的江中利用小渔网捕捞。此虾肉质鲜美,营养丰富,一般煮熟后,去掉头部,可连壳食用。因此,它与"鲚鱼"齐名,深受广大群众喜爱,既可作家常菜肴,也可宴请嘉宾。

20世纪60年代以前,该虾旺产时每年可产2～3吨,销往本市城关和东南各乡镇,以及黄岩、海门一带。近十几年来,由于灵江水域的污染,横山前虾几近绝迹。

曾经热闹景象不在,更多风情也无处寻找。老街虽老,韵味犹存,依然散发着安详从容、静谧的魅力。

◎ 晋代临海最大的砖场——管岙

　　涌泉镇的管岙一带,地处灵江北岸,土壤肥沃,盛产稻麦,是古代人类繁衍生息的宝地。据有关史料记载,管岙、石村都发现过一些长约30厘米、宽15厘米左右的完整的古瓦片,管岙的地下也曾挖掘出大量的废砖块,砖块上还印有晋代年号,据考证晋代时的管岙是一处盛产砖块的大砖场。

　　根据当地的地形、地貌及土壤分析,管岙一带的砖瓦场应包括石村片的巷弄、湾里店、盘湖、东岙等村。

　　从调查看,石村片的土源特好,这里的泥土挖了以后,会回满。原来此地接近灵江,几个潮水就可以把淤泥填满复原。这一带的泥质也好,又柔又韧,含少许砂,洁白结实,不透水,不易碰碎,宜做砖,亦可做瓦。所以,近百年来,一直远销到宁波、温州、上海等地。

　　新中国成立前夕,管岙尚有二三十座砖瓦窑,以做砖为主。现在,这个村

● 砖 窑

● 管岙砖场旧址

18

做砖瓦的人不多了,但是,石村片的村民们却完全不一样,做瓦已成为传统手工业,七八岁的小孩就能提瓦桶,十二三岁的儿童就会做瓦。特别是20世纪60年代初期,在靠近灵江的沙头至坦岙的1.5公里长的地带,竟有砖瓦厂500多家,砖瓦窑100多座。

改革开放前后,石村的瓦片已成名牌产品,产品销路常年不衰。至20世纪90年代仍有40余座砖瓦窑,瓦工200余人,每年产瓦片8000万张以上,户收入2万元左右。

近年来,随着新型建筑材料的普遍运用以及房屋结构的变化,砖瓦业已逐渐衰退。然而,管岙砖瓦业兴衰的几百年甚至上千年的历史,却是临海、台州乃至东南沿海一带建筑发展史上的重要见证。

◎ 唐时台州盐业集散地——新亭监

"滔滔灵江水连天,点点白帆运盐忙。"这是唐时临海新亭监前的灵江岸的盛况。

新亭监始建于唐乾元年间,范文澜《中国通史简编》说:"756年,正是安禄山作乱的时候。唐朝财政非常贫乏,唐肃宗任命第五(按:复姓)琦为度支使,第五琦作《榷盐法》,凡产盐的地方,都设盐院,亭户(产盐户)生产出来的盐统归官卖,严禁私盐,从此盐税成为一种重要的收入。"盐监是唐王朝征收管理盐税、盐业的机构,长官称"监"。临海新亭盐监则管辖台州湾两岸沿海地带的盐业生产和销售。据南宋《嘉定赤城志》载:"唐乾元元年临海县设新亭监。"

台州湾盐业资源丰富,潜力巨大。台州沿海海水含盐量高,受台湾暖流影响,盐度南高北低,呈季节性变化。7—9月卤水含盐量最高,达波美3.3~3.93度,即平均盐度介于22.8~27.2之间,盐土颗粒均匀,土层深厚,撮土勺水皆可成盐,自古有刮土煮卤为盐的习惯,俗称"煮海"。旧时,这一带的盐经临海销往绍兴、丽水、衢州、金华,远至皖南各地。

新亭监所在地,在今称新亭头,原属临海涌泉区黄礁乡,现属临海市涌泉镇玉岘办事处,傍临海母亲河灵江北岸,紧靠章安(汉昭帝始元二年[前85]置回浦县),向为章安郡治的险要屏障。自三国吴太平二年(257)始建临海郡,郡治内移至临海城关后,这里又成为扼台州府城的要地。

据史载,唐贞观年间(627—649),曾于黄礁乡溪头村(今属山横行政村)置亭场,拨州兵三千驻防;宋时,凡地方险要之处均设寨,又于黄礁置亭场寨。清代,在新亭与小圆山(海门港口附近)设海防炮台。民国《临海县志稿》卷一《临海五里方分图》上有新亭埠,此处沿灵江水路距台州府城20余公里,并可上溯天台、仙居直至东阳、磐安,下段江面开阔,距出海口海门港10余公里,可通万吨轮船。陆路经临海与婺州(金华)、处州(丽水)相连。如今,亭场寨栅城遗址犹存,位于椒江区黄礁溪头村。土城呈长方形,东西长215米,南北宽187米。城墙宽9米,残高为0.5米(新中国成立前尚存1米余)。栅城前有"枪旗墩"(小土包)或云瞭望台,墩处内部落差约3米,墩北为黄褐色冲积土,墩南为黑沉积土,可见前者为原有古陆,后者为后期海潮所含泥沙落淤而成的潮土。当时,运销原盐船只可泊于墩前。栅城中间为凹陷平地,低于城基遗址1米余,20世纪50年代后辟为橘园。由此推知,唐新亭盐监所在地历来是当地的军事、交通要塞,并颇具规模。

新亭监始于中唐乾元,约止于北宋熙宁至宣和年间,前后约200年。历任盐监记载残缺不全,查民国《临海县志稿》卷十三仅记有三人:(中唐)顾况、(晚唐)乾符莫从易,吴越元德昭(后被钱镠拜为丞相)。

北宋熙宁三年(1070),因新涂外淤,海涂变广,老涂地养淡,产区东移至杜桥,前所一带,遂修筑杜渎坝。这样,亭场寨移至今涌泉新亭头村。此处紧挨灵江,交通方便,目前,还有一座古城——新亭头古城,城中可以储盐屯兵,宣和四年(1122)官府设南、北两监,杜渎盐场为北监,张瑾为亭场巡检,新亭盐监至此寿终正寝。

◎ 新亭头古城

历史上,台州沿海人民经常遭受外来侵略者袭击,尤其明代更为严重,受倭寇侵略近两百年。为了防御和打击倭寇,一批沿海防卫城也应运而生。仅临海沿海就有桃渚城,当地称上旧城、中旧城、下旧城等三座城。近时,人们在涌泉新花街村新亭头自然村调查有关史料时,发现新亭头原来也有一座名叫城山城的古城。这座城山城,地处新亭头北面的城山。

城山,原名狗山,后因城得名,改名城山。此山形似一只醋睡中的狗,盘踞在新亭头的北面,其面积30亩左右,最高处海拔20余米。据新花街村群众谈起,新中国成立前至20世纪50年代初,城山四周还有一座高5米左右、宽4米多的古城墙,并建有东、西两处城门。城里的山比较平坦,山上可以练兵。前里村的一位70多岁的老人说，他少年时曾在这座古城墙里放过牛，有时牛放在城里，人则爬到城墙上玩耍，真是其乐无穷。

新中国成立后，有的农民看到城山荒着，就将它开垦出来栽桃、种番薯，他们在翻土时，时常会挖出断砖头、碎瓦片，可见历史上这城里也建有房屋，可能主要用于屯兵。

大约从20世纪40年代末开始，有的群众因建房需要石块，就偷偷地到城山拆城墙。张三拆了，李四又来拆，这样一拆再拆，到1958年前后，整座城墙就被夷为平地。从拆出来的城墙石块观察，大多是天然的乱石，也有石板角、残石柱之类石料，其内部结构类似桃渚城墙。同时，城山东边的最高处，还建有一座高达五六米的烽火台，用于点火发信号。

此城的建筑年代可从两个时期考虑：一是唐代时亭场寨从黄礁溪头村移至今新亭头村，并筑城，可储盐屯兵；二是明代建的抗倭城。相传建此城时，上至涌泉，下至章安，男女老少齐动员，有力出力，有物献物。这样看来，造城的石

石头屋

块,大多是老百姓从山地、溪坑中拣来或者从家中运来的。

当时为什么要选择在新亭头筑城呢?究其原因有三:一是这里自然条件得天独厚。新亭头,西北依三条岭,东靠狗山,西南濒灵江,这样三面环山,一面临水,易攻易守。二是这里是交通要塞。当时主要靠水上帆船运输,而帆船又要利用潮水,从海门坐船向临海方向行驶时,一般说来,一个潮水,帆船只能驶到新亭头以上水域,但无法到达临海。为此,有的宁愿步行到新亭头上船,再一个潮水可到临海。这样,无论是从杜桥、章安乘船赴临海的商人、旅客,还是从天台、仙居方向的载货长船,都要先在新亭头歇息,等到转个潮水来时或退潮时才开船。因此,在新亭头建城,能抵御顺江而上的敌人。三是此地是台州盐务集散地,人口聚集,物资丰富,即使断绝外界粮草,只要将老百姓组织起来,还可以抵御一阵子。

这座城山,就是现涌泉人造板厂的厂区。该厂为了扩大厂区,从1997年开始劈山凿石,并于1999年将山铲平。但是,这家厂的老板还颇有点远见,在厂区的中间还保留着一座形似馒头,高约8米、底部周长50米的"城山"。目前,那些到新亭头寻找古迹的人们,还可浏览一下"城山"的缩影……

明清时,《天工开物》指出砺灰"固舟缝""砌墙石""垩墙壁""襄墓及贮水池"以及"造淀、造纸"等方面的使用。砺灰作为一种天然的黏合防火材料,自唐宋以来,在江浙一带广泛使用。

◎ 元代涌泉江边的蛎灰市场

《临海涌泉冯氏宗谱》中有一篇贺機写的《东轩记》,此文对元代涌泉蛎灰市场作了记载:涌泉为山水之会,而以冯氏为盛。"其人每取海上之螺、蚌、蛤壳为利,阙地为炉,激风扇火,为灰烬,乃货与农人粪田为生计,利甚足。日夜烟炽不停,炉场之声砰砰焉,杂以渔樵商贾之往来,无宁时。"

贺襁是临海三山(今台州市椒江区)人,贺银之父。贺银是洪武二十四年(1391)副榜进士。那么贺襁应是元末明初人。《东轩记》所写的就是这一时期的情况。至于涌泉冯氏,则是南渡时从北方来居的,经过两百年繁育,此时已蔚为大族。

元末明初,蛎灰生产已有鼓风装置(一直沿用到解放初期),又反映了涌泉以蛎灰产销为中心形成的渔樵商贾云集的

• 《天工开物》的书籍封面图

繁荣景象。而更重要的则是记录了当时蛎灰生产的主要用途是"粪田"。这既表明单凭农家肥已不能满足当时农业的需要,也表明其时农民的剩余产品有所增加,商品化的程度有所扩大,经济发展有了新的立足点。

那么,煅烧蛎灰所需的大量的螺、蚌、蛤等壳,又是从何处运来的呢?

宋代,章安江边有一条牡蛎滩,这条牡蛎滩绵延很广,从章安上溯,约三十里间。从黄礁、玉岘等地名看,说明此间原来都有牡蛎壳的堆积。

我国有蛎灰,最早见于汉代一本叫《南海异物志》的书,但那恐怕还是自然物。唐人刘恂《岭表录异》始有"烧蛎壳为之"的记载。不过,这两者都指交、广地区,其用途主要是制克槟榔的涩味。至于蛎灰几时用于建筑业,又几时用于农业,都没有明确记载。

台州几时有蛎灰也不清楚，但总比用于农业时更早。用于农业，才导致蛎壳的大规模开发，以致搬完了无数年代堆积起来的牡蛎滩。"牡蛎滩"被搬光了，涌泉的烧蛎灰者只能到外地去寻找蛎灰壳。大概清末民初开始，涌泉所用的蛎灰壳，大多从沿海用船只运来。

解放初期，涌泉镇区还有五六家蛎灰灶。后来，随着科学的发展，石灰、水泥及各种新兴化学建材逐步取代了蛎灰。20世纪90年代以后作为建材的蛎灰彻底淡出市场。

蛎灰产量有限，生产周期长，无法满足人们快速增长的建设需求。

◎ 兰田东林白头城

在涌泉东林村的西北约1.5公里处，有一座古老的白头城。此城高约2米，宽1.2米左右，是用天然石块叠砌的，建在一座宽阔而平坦的山冈上。城墙东西走向，呈"一"字形，东起外湾峭壁，西至险峻的雷牛山，全长900多米。城门宽约4米，地处城墙中间地带。穿过城门再走1公里左右，就是连槌山脚，而后，往东就是小芝的栖凤村，往北是孔岙。

白头城建于何时，有何作用？过去有关史料没有明确记述。现据有关史料分析，此城应该是白头军建筑的。

清道光、咸丰年间，自然灾害频繁，官府苛捐杂税沉重，农民生活困苦，因此"官逼民反"，农民起义烽烟四起。当时，在全国有影响的，便是道光三十年（1850）洪秀全等在广西金田的农民起义。而在临海，前后则有道光二十九年（1849）前山农民起义；咸丰二年（1852）桐峙山蒋世绵等起义；咸丰四年（1854）沿海盐民起义……

　　对蒋世绵起义的史迹,市博物馆丁伋先生曾作过多方考证,并将考证材料写进《金满事迹系年》一文。文中有这样的记述:"咸丰二年,临海蒋世绵、何沣浩等起义。世绵等以桐峙山为据点,暗中活动十数年,聚众数千,面镌'仁义'二字,头包白布,各执一镴葫芦为号,至是举事。本年三月(农历,下同)袭塘头。三年八月十九日,至滩溪。二十一日,进抵裕吞,居廪生徐旭升家。徐纠集乡兵数千攻之,三昼夜不下,乃自焚其屋。世绵等冲出,死者128人,世绵亦死。余部续遭知府张玉藻、协镇田宗泰追剿,溃散(据陈铭生《临海县志稿》、沈元朗《平贼记略》、王吉人《塘头九义士传》)。"

　　从蒋世绵的举动分析,人们不难看出,他可能是某一帮会组织的头领,有着严密的帮规。他们为了起义,竟以神秘莫测的桐峙山为据点,并做了十多年的

● 兰田风光

准备。作为一个聚集力量的据点，不仅要能进攻，而且也要能防守，这样，他们利用当地的有利地形修筑一座城墙就非常必要。因起义队伍人称白头军，故城亦被称为白头城，延续至今。

这座白头城，可以认为是蒋世绵起义前在准备期间建筑的，但也不排除在他们起义失败后，为了加强防御，积蓄力量以备东山再起而建造。

● 石　屋

27

兰田山晨韵(金勇军 摄)

这座古老的白头城，解放以后仍保存得比较完好。20世纪60年代开发茶园时，才将其拆除，所拆的石块用来造梯田。目前，古城门两边的城墙基石犹存，还能依稀看出，这里曾经拥有一座古城墙。

◎ 一江九渡

渡口，古称津渡。涌泉地处灵江北岸，有史以来凡通外县外乡的道路，几乎都是依靠渡船过江至南岸，而后再从南岸出发，才能到达目的地，从而形成了一江九渡。

据宋嘉定《赤城志》记载，嘉定以前，临海的津渡共有21处，其中，涌泉4处：碛村渡，石村至龙角；礁头渡，涌泉至龟礁头；西岑渡，新亭头至西岑；石仙妇渡，炉头至石仙妇。后来又新增2处：楼石渡，戎旗至马头山；梅浦塘头渡，后泾至栅浦。

民国时期，渡口作了调整。古渡保留4处：石村渡、涌泉渡、新亭头渡、楼石渡。同时，新增渡口4处：长甸渡，梅岘至长甸；西管岙渡，西管岙至前岙洋；沙渚前门渡，沙渚至孔化岙；沙渚后门渡，沙渚至西管岙。

新中国成立后，涌泉的渡口略有变化。现有9个渡口，即石村渡，石村至龙角；西管岙渡，西管岙至前岙洋；沙渚前门渡，沙渚至孔化岙；戎旗渡，戎旗至马头山；梅

● 兰田云雾茶（王建军 摄）

岘渡,梅岘至长甸;涌泉渡,涌泉至龟礁头;新亭头渡,新亭头至西岑;炉头渡,炉头至石仙妇;后泾渡,后泾至椒江区栅浦。其中,梅岘渡系1997年新开辟的渡口。涌泉渡,由于对岸马头山至红光公路改道,龟礁头汽车停靠站不存在了,又加上涌泉江岸泥沙淤塞,1998年起并到梅岘渡。沙渚后门渡,1999年8月撤渡建桥。

长期以来,渡船是木制的。大多数渡船只有一个人驾驶与管理,这个人既要驾船往返两岸渡口,又要负责渡船和旅客的安全。如遇台风来临,则整天停开,这就苦了两岸过江的旅客。目前,还有西管岙渡船和沙渚前门渡船是木制的,而且,还是船工用手摇橹。

涌泉有些渡口的渡船,不仅接送两岸往返的客人,同时还兼驳送轮船上下旅客的任务。以前,临海至海门轮船通行时,为方便旅客,除涌泉渡口、新亭头渡口轮船靠码头接客外,其余则在灵江上设停靠点,这驳送船上旅客上下的任务由各地渡船完成。这种肩负双重任务的就有石村渡、长甸渡、西管岙渡、新亭头渡、戎旗渡等。1986年3月13日起,由于灵江两岸通汽车,海门至临海的轮船停开。

渡船,一般分为两类:一是交通渡,旨在解决两岸交通为目的;二是农渡,以方便一个村或几个村的农业生产及满足本村行人往来交通需要而设立的。从涌泉地区看,大多数渡口是交通渡与农渡并用的。如石村渡自宋以来,历经元、明、清,直至当代,都设置渡船,主要是为两岸农业生

灵江傍晚

● 灵江两岸阔

产服务的。由于渡船航程长达1000多米,江面水流湍急,有时还要装载耕牛,因此,配备船工3人,以保证渡船安全。

　　新中国成立前及新中国初期,渡工对渡口所在地村庄的村民过往是不收费的,其生活来源,一是由村里划少量田地给渡工家耕种,不收地租;二是在4月、8月收获季节,由村民们捐点粮食给船工。对邻村或远道而来的旅客,只收低廉的渡费。对本村因婚嫁过江的礼仪担子,收取红包。因此,渡工的生活是极其艰苦的。20世纪50年代,农业合作化以后,渡工也有了船工会,并由航管部门管辖。一些较大的渡口,如涌泉渡等,船工有了固定工资。60年代后期至70年代初,渡船行业兴盛,加装了动力机,变人力摇橹为机器推进。改革开放后,一些渡口进一步加大了渡船,加宽了硬埠头。1982年,涌泉渡口,曾设置钢质渡船,核定客位170人,17总吨,40马力。目前的梅岘渡,一些小型货车或装载4～5吨的拖拉机、汽车,可以车、货一起进入渡船内,方便了物流与旅客。

　　渡船的故事代代相传,过江的渡船逐渐被取缔,渐渐消失在人们的视线中。渡口,有过辉煌,有过废弃,今天的人们依稀会想起它往昔景象与繁忙。

灵江黄昏滩涂

瓷染千峰翠:古窑址篇

涌泉镇西岙村吃酒坦,有一座古窑址。它与溪口乡境内的岙里坑窑址、安王山窑址、鲶鱼坑口窑址连在一起,构成溪口涌泉窑址群。经考证,烧制时间为东汉晚期到南朝。1989年12月12日,被浙江省人民政府公布为省重点文物保护单位。

● 窑瓷残片

● 溪口涌泉窑址群(西岙窑)

该窑窑具主要有大腿二足支座,乳鼎垫座,筒束腰支座,齿口马蹄形,竹节状和齿口垫圈等。产品有罍、罐、瓶、壶、钵、碗、洗、炉、鼎、砚、盘等10多类50余个品种。制作的工艺大多为轮制,大型器物轮制和手捏相结合。花纹装饰以印模为主,刻划为次,还有少量堆塑和镂空。施釉的方法有刷釉和浸釉二种。釉色有淡青和青中泛黄,也有乳浊釉和酱色釉。釉色溢润光泽,尤以淡青色釉更佳。烧制的窑瓷出口海外,是浙江主要的越窑烧制地之一。

相伴岁月长:古屋篇

◎ 冯赓雪故居

冯赓雪(1720—1782),字瓒修,号瑶田,是临海清代的文学家、旅游家。"以诗鸣,人谓'正雅流畅,韵致翩跹','侯夷门后一人'。文亦极佳,所著《台南洞林志》极尽范山模水之能事,文笔流畅,琢句华美,绘景状物,篇篇动人。"(引自徐三见《临海古代文学家概况》一文)。

冯赓雪的故居坐落在泾东村东端老街近处。

目前,该村村民竞相向东建房,其宅已近村中心。与新建住房相比较,故宅像龙钟老人,显得破旧苍老。但昔日的规模,似

● 匠工遗韵(陈庆基 摄)

39

乎向人们诉说,该木结构的二层民居,有着它的一段辉煌历史。

该宅第系13间四合院,中堂正房7间,以中堂为中轴,两边各3间,曰正间、坐起间、灶头间。两翼有东西厢房各3间,面积少于正房。两厢南端有围墙,中开大门。大门有二,外大门处在中轴线偏东约3米地方,距内大门约20米。宅第年久,曾进行多次修缮,从存留原小梁与骑桐看,似曾有过雕刻装饰,惜所剩不多。唯可估证其宅苍老者,中堂仅存之两根廊檐柱与西厢房上数十片瓦当与瓦淋头。廊柱系柏木做就,久经日晒与岁月磨炼,由原圆柱状变成不规则的方不方不圆状,如老人突出的筋骨。

冯赓雪原居住在东边3间正房。

● 冯庚雪故居

◎ 新屋里

此宅系冯景岱、冯景原宅第。

冯父兆兰以商贾起家，在涌泉横街开有一爿杭州店（指具有一定规模的棉布、百货店）。景岱、景原于同治十年（1871），在维明楼旧址建造了坐北朝南的二层楼正屋20间，旧址建新屋，被人谓为新屋里。

● 新屋里

该处结构讲究、做工精细、气势恢宏、极显江南特色的典型庭院，时称全透屋。此式样，涌泉时有两座（另一座在西翁大透里）。这里的台门左右各有4间楼房，每间楼房前都有一个结构各异的石雕花窗。台门上方，外有4个雕花的门挡，门挡上面原先搁放着一块匾额——"五福临门"，目前，匾额已毁；内有4个雕花的门杠穴。台门楼上的楼檐护栏，是用圆木拼凑成的蝙蝠、鹿和寿字，寓意福、禄、寿。院子里的墙面檐头屋隅窗棂都是一件件精致生动的艺术品。尤其是8根廊柱上端的鱼鳅梁、星斗、龙头、低扇梁、榭竖柱等，一刀一刻精细入微，小小的空间中的人物和动物，栩栩如生，仿佛每根廊柱都承托着一台戏。窗棂上的木雕，更是寓意深长，妙不可言，其中有两个窗子是喜鹊衔梅，中间是梅花，四角是四只喜鹊。

◎ 旗杆里

　　旗杆里系冯楚燊宅第，位于涌泉古街中段，建于1873—1877年间，由冯楚燊父及两弟代其建造而作为兄弟共有之业。建房之始囿于地基缺东南一角，并追求城市官邸抱水厅形式，摒除东厢东下限不建，而以正屋东隅马面驳墙连转角道地东边屏风墙，再直连前排店屋东灿头墙，而与他人苎园隔开。

　　正屋7间共宽28.7米。其东灿头间后边缩进1.7米，连坐起正间后边，恰恰于朝西之旧楼3间之南灿头连接，使其冲栋。其余4间作

· 涌泉古民居

42

后下檐挂檐、无后墙。挂檐下走廊与旧屋前廊转角相连。西横屋2间（横正间、横客堂）共宽8.3米。前廊对西边半个道地，作浅水池样。后边作下檐挂檐、无后墙。该横屋与正屋马面驳偏西0.8米，使其后廊下与正屋西灿头墙外四尺路连接，通向北面泾岸路。前面临街店屋6间，除西边2间外，余4间北

● 旗杆里

临道地都作下挂檐，无廊柱。东边灿头间与第二间共对正屋东正间，其第二驳柱即对正屋东正间之中线。于是东起第三间作为台门间。其东驳柱与中堂东驳柱即偏西1.7米了。同时，这座屋的台门外竖着旗杆，台门上挂着匾额。

旗杆约于1874—1878年间建成。原计划只建四碑夹二杆的普通旗杆，但1875年朝廷加封楚燊为武显将军（原为昭武都尉），旗杆要建为上有刁斗下有石方墩者。杆木高约13米，粗约尺许。刁斗系木架，上方约1.3米，下略窄，高约1米。底及四周均以木条做三角支撑，成栅栏笼状。底中作圆孔，活动地套于木杆之10米余高处。四周用铁条铁圈系于木杆之11.7米高处。可站人升旗打更。石方墩高约1.2米，直径约1.5米，四面立石板，雕花木人物，底及上面用

厚石,雕抽线。全墩四角上下咬合钳固。上边中间开圆孔,立木杆于中,又开二扁孔于两侧,立入石碑以夹木杆。石碑上端又连接糙木条夹住木杆。石碑高出石墩约1.6米,厚约0.2米,宽约0.7米。四碑各向东西,东杆东侧及西杆两侧碑面均雕人物花草,只有东杆西侧之面刻字。文曰:"大清同治乙丑科亚元,戊辰科钦点御前侍卫,敕封昭武都尉武显将军,历任福建督标右营守备,特授葛玛兰都司,署理游击,代理漳州总镇"以下原来空着,似为招兵以后加上:"澎湖管带绥靖全营",字较扁密,下空隙甚少。字底填朱,历久未全尽。匾额高约1.2米,直立于台门上方,东侧小书"同治乙丑钦点"中大书"侍卫府",西侧下小书为书者署。旗匾银受赐千元。但红包支出超过正规工资加材料之和。故账房结算,还是支大于赐。由于旗匾支出之甚,并小康财力之薄,原计划之楼上构房、盖双层瓦、道地铺石等均未进行。

◎ 其他民居

涌泉的古民居除上述外,还有大炉头邱氏宗祠、西柯岙大透里、西翁翁氏民居、岩园尹廷辅故居、前里曹小堂故居及东岙陈氏民居等都较有特色,是往昔各地宗族繁盛的历史见证。只可惜因年久失修或旧宅易主,拆旧建新而大都未能保存,只有大炉头邱氏宗祠至今保存完好,彰显昔日之状。

● 古石房

● 古民居门栏

● 古宅（方之桦 摄）

● 石屋群

东西桥南北:古桥篇

◎ 前闸双凤桥

　　此桥在涌泉镇区前闸,建于光绪二十四年(1898)。这里的桥和闸是紧紧连在一起的,人们先造桥再造闸,桥下的河是从东向西流的,源于塘西、外岙、南坑等山涧之水。这条河弯弯曲曲,好似一条龙盘踞在镇区大地上。这座桥长10多米,宽2.5米左右。自清光绪二十四年以来,在一段较长历史时期里,此桥是椒北人到台州府城和大田等方向去的唯一陆上交通要道。这个闸,主要是控制进入涌泉镇区的流水量,阻隔海水因涨潮而倒灌。其建筑比较讲究,为防止水的渗透和黄鳝、泥鳅钻洞,闸的两边先砌上石板匣,再放黄泥、蛎灰夯实,外衬砌条石。同时,闸的上游两边的河岸,分别建有人饮水埠头和牛饮水埠头,两埠都用石板铺设,宽阔平坦,使用方便。另外,闸的下游方,是古代的船埠,常停泊着几十只帆船,直通海门等地。这里,既是陆上的交通要道,又

　　● 涌泉双凤桥

是船埠,因此闸的两岸商业气息浓,生意兴隆。闸的南岸,建有一座临海有影响的陶裕生(葭沚人)当店,现尚有一间当店的古屋。闸的北岸,设有柴炭行、树行,以及饮食、南货等店。新中国成立以后,此桥已扩建,但是古老的桥墩、人饮埠、牛饮埠,依然存在。刻有"双凤桥"字样的古老石板,另放他处。

◎ 后闸双凤桥

该桥在涌泉镇安乐楼附近,光绪丙午年(1906)重修。这座桥与前闸双凤桥前后呼应。桥中亦有闸,这个闸亦是为控制镇区水量用的。因为此处地处双凤桥的下游,亦称后闸。新中国成立以后,这座桥面扩大了一些,并将桥两头的石阶拆除铺平,但镶嵌在桥面上的那块刻着"双凤桥"字样的石板,仍是原物,一直未动。

● 双凤桥图纹

◎ 西管岙石拱桥

西管岙村西边有一座单孔净跨8米左右的石拱桥。桥体是由凿制过的条石砌成的。桥面宽4米左右,其中间和两边是由条石铺砌,其余部分用较厚的石板铺成。自古以来，这是大田步行至涌泉、前所的必经之路。建筑年代不详。据村中《宗谱》记载，宋代有位老人去世后，将坟建在弓桥头（即现石拱桥）旁边。这说明宋时已有此桥。1998年，浙江省测绘局、省军区司令部、省公安厅在桥头石板上刻了测量标志，并在桥头立了一根水泥方柱，柱上刻着"国家测量标志，严禁碰动"的字样。

◎ 花街大桥头桥

该桥位于花街村东面，桥面长约4米，宽3米左右，由5块厚厚的条石拼成（现尚留2块古条石。还有3块古条石大约在20世纪80年代被过往的车辆压断，后换成钢筋水泥板）。两边桥墩仍保持原貌，由9层古条石砌成，结实坚固。该桥建筑年代不详，但从陆路通道看，应该与西管岙石拱桥是同时代建的，可能宋时已有此桥。自古以来，这是大田步行至涌泉、前所、杜桥的必经之路。同时，沿海片民众，想坐轮船到临海城关，必先步行至花街村，而后，在花街村新亭头候潮水乘轮船。

• 石拱桥

往来坐清凉:古茶亭篇

◎ 桥亭头古茶亭

延恩寺前边不远处(涌兰公路2.8公里),有一座房屋矮小、闻名四方的古茶亭——桥亭头。有史以来,这里是兰田人卖柴、赴涌泉赶集的必经之亭。因此,不管是春夏秋冬,还是风霜雨雪,这里都备有冷、热茶水,无偿供行人饮用。2001年2月,一些热心人出钱资助,在古老茶路廊的前面,新建了一座古香古色、做工精细、富有民族特色的古茶亭。目前,此处是古樟依着茶亭,茶亭伴着小溪,集古屋、古樟、小溪于一体,是游人喝茶、纳凉、游览的好地方。

◎ 丙营堂古茶亭

丙营堂(民间又称必应堂)茶亭始建于明正统年间,至今已有580年的历史。当年,花街胡修通花街至涌泉的道路后,极大方便了往来的行人。随着陆上过往行人的日益增多,当地善心人乐助良田五亩、棉地二亩为资,建造了茶亭,为过往行人无偿供应茶水,并设置木床2张供行人或难民夜宿。新中国成立后土地改革时田地分给了农民,涌泉老人自发轮流烧茶供水。至今,茶亭仍为过往行人常年免费供应茶水。

丙营堂古茶亭

52

甘甜勿相忘：古井篇

◎ 涌泉寺井

涌泉寺井，位于延恩寺前面，井圈高 0.5 米，周长约 4.7 米，直径约 1.5 米。历经沧桑的井圈上方凿着一个个令人费解的窟窿。

此井至今有两个传说：一是任旭女弟筑庵诵莲经，俄有泉自地面涌出，生白莲花。二是怀玉禅师建寺时，从外地募来的木料都从此井里取出来。后来，一位木匠说，木已足了。说罢，还有一根木料就卡在井里拔不起来。据说，不少老人还看到过这根留在井里的木料。此井水，清洌碧透，终年不涸。如今，人们还可看到井里会涌出一个个小气泡。

● 涌泉寺井碑记

临海市重点文物保护单位

涌泉寺井

临海市人民政府
二〇〇一年公布

灵涌泉寺井

◎ 冤井

此井位于原泾西祠堂西南面,现朱子顺、冯小炉的屋前边。据《涌泉冯氏族谱》"乡里杂志"文中记载:光绪庚子、辛丑年间,有一农民在此锄地时发现一片破磨盘,将磨片撬开,竟是一口古井。

此井是何时挖掘的无史料记载。20世纪60年代天旱时,泾西村民冯米希曾来此汲水煮饭,结果白米变成红饭,从此无人敢饮用此井水。相传,这里住有一家富户,其婢含冤投井,并葬于井中,从而此井成为一口冤井。2001年4月24日,冯小炉妻子在众人的围观下,将盖在井口上的石板掀开,经测量得知井深2米,直径1米,井底铺有一块石板,井水已溢到地面,清澈透绿,在场的人无不感到这口井真是一个谜。

● 冤　井

◎ 纱筛井

据《涌泉冯氏族谱》记载,中岙后塘有一口纱筛井。经实地考察,此井就在现新前塘村(原称后塘)上叶。早年,上叶是一个自然村,有一座全透屋的大院,这口井就在大院子的东边。相传,挖这口井时,越挖越深,总不见泉水。后来,挖掘者忽然听到地下传来了小嫂向大姆借纱筛的声音。这时,他们感到问题严重,如果把地挖"漏"了,触犯了地藏王怎么办?于是,就立即停止挖掘。瞬间,一股清冽的泉水从井底涌了出来。后来,人们称这口井为纱筛井。新前塘村的附近没有山坑和水塘,有史以来,这里的村民靠挖井取水。目前,清朝、民国时期留下的水井还有10多口。新中国成立前村民卖屋时,必须注明同时卖水井,否则,新住户就不能到卖主的水井中取水。

纱筛井井口直径约1米,水井栏圈是石头打制的,高约40厘米。据说,此井是全村最深的井,但到底有多深,未经考证。

记忆也无声：古碑篇

◎ 南屏书院碑

南屏书院旧址立有一碑，碑身长220厘米，宽82厘米，厚12厘米。此碑正反两面皆刻有碑文，分别为《南屏书院田亩碑记》和《南屏学堂田亩碑记》。据考证，南屏书院为明嘉靖间（1522—1566）冯凤池建，后废。清乾隆二十年（1755）冯庚雪捐资重建；同治间知府刘璈扩其规模，捐民田60余亩为师生膏火。《南屏书院田亩碑记》落款为清光绪二十九年（1903），应是南屏书院修缮时，里人捐田亩乐助以纪念而立之；碑文内容为捐田亩者姓

● 南屏学堂田亩碑记

氏及所捐田亩数,下为楷书大字"永垂不朽",用以褒扬乐善助学者。《南屏学堂田亩碑记》碑文主体为"新办南屏学堂重捐田亩银洋姓名并列",落款为清光绪三十三年元月(1907)。据考证,光绪三十三年南屏书院(义塾)改设公立南屏初等小学堂,校长蒋平西。新办南屏小学堂改迁涌泉街。此碑后人发现于涌泉街,可见其因随南屏小学堂改迁而移至涌泉街。

《南屏书院田亩碑记》和《南屏学堂田亩碑记》不仅证明了南屏书院是涌泉文化教育的发祥地及清末由书院改为学堂的史实,也充分体现了涌泉民众历来有崇尚文教、乐于助学的美德,具有较高的文物价值。此碑现重立于南屏书院旧址,然因中间周转曲折,人为毁损和自然分化严重,碑文部分字体难以辨认。

◎ 冯氏祠堂碑

在涌泉三村的敬老院里,还保存着一块长143厘米,宽71厘米,厚11.5厘米的古石碑。此碑是明成化壬辰(1472)八月刻制的《冯氏祠堂碑记》。这篇"碑记",是明代刑部员外郎、进士冯银和其胞弟、进士冯沈,邀请兵部尚书、进士程信撰写的。并由四川按察使高瑛(黄岩人)篆额,冯银手书碑文。碑记的内容,主要反映冯氏先祖冯安国的简历及定居临海情况。同时,对建祠堂和祭祀作了叙述。此碑文保存完好,它对研究明代的祭祀、礼仪、航运等方面有一定的文献、文物价值。

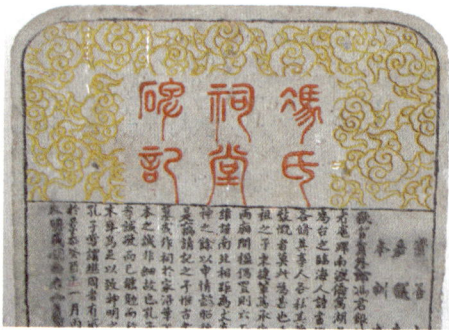

● 冯氏祠堂碑记

◎ **方国璋神道碑**

元至正二十四年(1364),黄岩洋屿人方国璋,归葬涌泉梅庵。墓前立"元赠银青荣禄大夫江浙等处行中书省平章陵事上柱国追封越国公谥荣愍方公神道碑"。至明洪武初,方氏子孙以碑中有"朱元璋侵衢于婺"语,因仆而埋之。同治十三年(1874)秋,在涌泉寺东刊山镬山前梅庵侧,山洪暴发,方国璋神道碑被大水冲出,初尚完好。至光绪二年(1876)断为两截,黄瑞自闽归闻碑出和其事,即命工前往拓,而遗其额。

● 东湖石刻碑林

民国二十一年(1932)夏,涌泉冯静涵将方荣愍公墓碑移至文昌阁处,欲建竖立而未果。次年夏,由前里冯建与基干队长阜宁刘于贵,醵资嵌立涌泉桥亭头文昌阁下坛墙,翁汝梅(即翁雪耕,字汝梅)以作"方荣愍公基碑跋文"以纪事。

1963年6月1日,涌泉方国璋神道碑由涌泉埠头落船搬运至临海东湖小瀛洲收藏。至"文革"又毁去一截,今碑嵌立东湖石刻碑林壁间。原碑高3.9米,宽1.07米,厚0.36米,为临海迄今发现最大的石碑。

◎ 陈氏小宗祠堂碑记

前大岙陈氏小宗祠堂碑记,立于明嘉靖二十六年(1547)九月,碑记前大岙陈氏系宋代名臣陈良翰四子兵部侍郎广寿后裔。

◎ 摩崖石刻

南屏石刻位于涌泉南屏书院旧址东边,其内容为行书"应游处"三字,字体高70厘米,宽18厘米,笔力遒劲,旁有落款。镌刻者翁雪耕(1877—1966),字汝梅,涌泉西翁村人,清末末度秀才,废科举后悬壶济世,颇具声望。

• 陈氏小宗祠堂碑记

彰显示后人：古牌坊篇

◎ 烈女坊

冯光奴（1536—1552），在同倭寇搏斗中牺牲后，她那临危不惧的高尚品质，在台州引起了极大反响。1561年，浙御史周斯盛、浙江提学副使王维一将冯光奴的事迹，奏于朝廷。嘉靖辛酉年（1561），赐建"烈女坊"。此坊竖在涌泉横街口。20世纪50年代时，因兴修水利需要石料，此牌坊被拆除。

◎ 进士坊

涌泉前闸冯银明天顺丁丑（1457）中进士，冯沈明成化壬辰（1472）中进士。为表彰同胞兄弟登科进士，特在明成化年间于前闸"双凤桥"边建"兄弟进士坊"。20世纪50年代时，因兴修水利需要石料，此牌坊被拆除。

◎ 百岁坊

清代宣统期间，在现涌泉中学东边建有一座"百岁坊"。这座坊是为纪念冯徐氏（女）百岁（96岁去世）而立的。20世纪50年代时，因兴修水利需要石料，此牌坊被拆除。

◎ 叔侄登科坊

明代万历年间(1573—1620),在现涌泉电影院西边,建有一座"叔侄登科坊",是为表彰叔侄4人同中举人而建的。叔冯良亨,字子通,号凤桥,嘉靖戊子年(1528)中举(第36名),任东湖知县、泰安知州、庆远府同知,生卒俱失。叔冯宁侯(1522—1564),字良惠,号凤池,嘉靖戊午年(1558)中举(第69名),貌伟身长,当时严嵩想选宁侯为女婿,被宁侯拒绝。侄冯应麒(1530—?),字贞卿,号缜庵,嘉靖壬子年(1552)中举,任河南许州知州。侄冯学易(1541—1614),字韦卿,号乾所,隆庆丁卯年(1567)中举(第9名),任河南西平知县,淮安府同知,长芦都转运盐使,转河南运使。这座牌坊,在20世纪50年代时,因兴修水利需要石料,此牌坊被拆除。

古镇有遗风:古寺堂篇

◎ 延恩寺

　　在临海市涌泉镇东北天柱山麓,始建于晋太康中(280—289)。寺旧名"涌泉","盖因任旭女弟筑庵诵莲经,俄有泉自地涌出,生白莲花,故名"。

● 延恩寺(远景)

● 延恩寺(近景)

◎ 宝林寺

在临海市涌泉镇大炉头村。始建年代不详,清乾隆三十八年(1773)重建。现有房屋12间。为临海市佛教保留场所。

◎ 福庆堂

在临海涌泉店头村。始建清嘉庆元年(1796),现有房屋11间,为临海市佛教保留场所。住持尼良妙。

◎ 法华堂

在临海市涌泉镇塘头村。始建于清嘉庆二十年(1815),现有房屋14间。为临海市佛教保留场所。

◎ 蔡寺

又名广润寺,在临海市涌泉镇炉头村王福山,始建年代不详,清咸丰元年(1851)重修,现有房屋21间。为临海市佛教保留场所。

◎ 斗阁堂

在临海市涌泉镇三村,原为道教场所,后演化为佛教庵堂。始建年代不详,1980年重建。现有房屋3间。为临海市佛教保留场所。

◎ 古佛号柱

西戎旗村(驻地西洋)口的公路旁,高高地竖着一根高约4.5米、周长1米左右的八角形石柱。石柱分为上、中、下三个部位,上部好似石雕的翘角小凉亭,亭内可存放一盏灯笼。中部是石柱的主体,其中七个面分别刻着:"南无大慈大悲观世音菩萨""本方当境管界里域尊神""南无西方极乐世界阿弥陀佛""南无护法诸天菩萨""南无本师释迦牟尼佛""南无文殊普贤菩萨""南无消灾延寿药师佛"。还有一面刻着"大清龙飞同治己巳孟冬吉旦重建"。下部就是底部,大约有0.8米长的石柱埋在地下,主要用来固定石柱。这根石柱的名称应为"佛号柱"或"石柱灯",其重建时间是1869年,距今已有132年了。其始建年代不详。

为何要竖这根佛号柱呢?这里还流传着一个令人深思的传说。相传,数百年前,灵江北岸一带农田年年闹灾荒,粮食颗粒无收,百姓常常外出逃荒。这样,就有人研究起本地的风水来。有一年春天,本是百花盛开、麦苗嫩绿的季节,但是这里的麦苗却是又黄又短,眼看长不出麦子来。这时有人说:莫非马头山的马活起来了,吃的"戎旗西洋的麦,粪却拉在汛桥马宅"。这个发现非同小可,于是就请人商量解救的办法。这样,就请石匠雕凿出这根石柱——当地称它为"马嚼子",其意为让"马嚼子"卡住马的嘴巴,不让它吃西洋一带的稻麦。自从竖起这根"马嚼子"后,这一带的稻麦年年有收成了。

1966年,有人将这根石柱推倒。谁知1967年这里刚好遇上大旱,于是有人就议论天气干旱是由于石柱倒地造成的,这样这根未被敲碎的石柱又重新竖立在西戎旗村口,从此再也没有人来动这根石柱了。

一座马头山与一根石柱产生的传说,说明古代先人们难以用科学预测天气变化,只好去祈求神佛保护。这根石柱就是古代人民祈求天地神佛保佑一方百姓平安、五谷丰登的象征。

● 古佛号柱

代代禋祀地:古墓篇

◎ 任旭墓

任旭,字次龙,章安人。生年不详,卒于327年,在晋代高层社会中名声很大。东晋元帝先后4次召任旭出任参军、祭酒等职,但他或推患病,或借母丧,坚辞不出。明帝继位,又征任给事中,仍坚辞不就。太宁三年(325)三月,再次

● 橘海飘香

征任博士,诏书称其"志操足以励俗,博学足以明道"。诏书方下而明帝死,终未出仕。任是列传正史的第一位台州人。墓在履釜山(即建有延恩寺观音塔的山)西麓。据冯甦在文章中称,延恩寺一带的山系"任家山"。可见,山以墓名。任墓早年已塌坏。

◎ 方国璋墓

在复釜山。方国璋为元末起兵抗元的方国珍之兄,随同国珍起义,后就抚。至正廿二年(1362)守台州。时朱元璋据金华,部下苗兵蒋英等刺杀守将胡大海,率兵进入仙居,欲归附方国珍。方国璋前往处理,因事件牵涉面广且甚敏感,态度暧昧,蒋英疑虑,乃先发制人,趁方无备,袭杀方而去。涌泉是方氏势力基础地区,故归葬于此。

● 东湖石刻碑林

方墓在方国珍降明后被毁,墓前张翥所撰神道碑亦被击断埋于土中。光绪初因山洪暴发,碑被冲出,碑文经黄瑞收入《台州金石录》中,始为世人所知。碑石 1961 年移至东湖,"文革"中复遭破坏,现仅存五分之一左右一块,竖于东湖石刻碑林。

明代西岑人冯存颇有《题方氏墓》诗云:"遥应群

雄自海陬,揭竿也自据三州。乾坤一旦归真主,草莽百年成古丘。虎踞龙争山似旧,烟消云散水空流。悠悠青史垂遗迹,千载田横却许俦。"算是对方墓的唯一凭吊之作了。

◎ 冯光奴墓

冯光奴(1536—1552),涌泉人,抗倭烈女。她为不受倭寇侮辱,被身分三段惨死。归葬于本里将军山脚。此墓坐南朝北,是用粗糙石块垒结起来的。1958年墓面被拆,墓室尚存。2000年冬,冯氏后裔对此墓进行了修葺,立"抗倭烈女冯光奴碑",并刻碑记于其上。

• 抗倭烈女冯光奴碑记

◎ 冯甦墓

冯甦(1628—1692),字再来,号蒿庵。涌泉人。顺治十五年(1658)进士,官至左侍郎。墓建在涌泉蟠龙山。原墓四壁已毁坏,1995年11月进行了整修。墓面题书:清刑部左侍郎冯甦坟。

● 冯甦墓

朝花在夕拾:民间故事篇

◎ 花街胡

早先,灵江边花街村的人到涌泉赶集,要沿着江北岸,翻过南屏山南边的三条岭,虽然才五六里的山间小路,却累得人汗流浃背,上气不接下气。那小路又窄又陡,路边杂草灌木丛生,一脚落空,跌落山崖,就会掉入滚滚的灵江,性命不保,村中的阿大,就是一次不慎跌落江中送了性命的。传说,当时花街村中有个姓胡的员外,平日里积德行善,村民都称呼他为花街胡。一天,他家里来了客人,他就与村里的几个人一起到涌泉集市去买点鱼肉蔬菜等好招待客人,想不到爬不到三条岭,累得够呛,汗水把小棉衫都湿透了。胡员外就说山路太难走了,我非要把这三条岭挖成平路不可! 此语博得村里人一片叫好声,都说,胡员外不会乱讲话的,说到定能做到,这大善事,也只有他能办到,只要胡员外带个头,我们大伙都愿意帮忙,助一臂之力。

这年秋后,胡员外真的开始行动了,他卖了家里所有稻谷,雇了人力修路,谁知才修通了一条岭,钱就花完了。他不泄气,又卖掉了家里所有的田产,但又只够修通第二道岭的山路。他下定决心,咬咬牙,又卖掉了家里所有的楼屋,只留下几间小屋,终于把三条岭的路全部修好了,附近村民无不感谢胡员外的恩德。

胡员外因修路卖光了家产,生活得很是艰难,他只好向人租了一条小船,一家人在灵江上靠打鱼为生。一次,恰逢狂风大雨,船被打翻,员外与妻儿一起落水。村里人都以为一家性命不保,全村人都到江边祭扫,谁料,员外一家奇迹般地出现在村人面前。人们就问他是如何生还的。员外告诉他们,当时落水后,他一时失去了知觉,但迷迷糊糊中他觉得一股力量把他托住,送至江边滩涂上,他当时好像听到有人喊他:"花街胡大叔,你不会死,你会活到一百岁。"等他醒来时,发现妻儿均躺在旁边,一会儿相继醒来。员外回想当时喊他的人的声音很熟悉,后来,他想起,村中叫他花街胡大叔的没有别人,只有前几年落江死去的阿大,他知道是阿大在阴间救了他。

胡员外自60岁被救后,果然活到一百岁无疾而终。

三条岭的那条路修通后,一直有村民们自发维修保养。后人都把这条路叫作积德路。

◎ 将军救驾

北宋末年,康王赵构逃难到延恩寺。

有一天,涌泉来了一位将军,身高九尺,穿着盔甲,腰佩宝剑,骑着高头大马,疾奔延恩寺救驾。至塘岙山嘴头,迷失方向。将军见路旁有位老者在地里干活,便匆忙下马,上前讨询老者,说:"请问老伯伯,延恩寺离此有多远?"老伯伯用手指向前方回答说:"延恩寺离此只有一箭之地。"当地的一箭之地,意思是延恩寺离此很近,

● 康王赵构

就在眼前。由于将军救驾心切，把"一箭之地"误听为"一千里地"，以为救驾不成，即拔剑自刎而死。这时，将军的马逃往马头山（在今沿江镇），宝剑插在将军山。现马头山、将军山两地均有古迹可寻。

从此，这位将军赤胆忠心、舍己救皇的故事，一直在涌泉民间流传着。

◎ 拔神剑

据传，原塘岙将军山（今涌泉塘岙山）上插着一把神剑，此剑即当年救驾将军的遗物。谁若能得此剑，武功就能无敌于天下。

涌泉人个个摩拳擦掌，都想一试。但此剑怪得出奇，任凭谁有九牛二虎之力，也休想拔出。

后来有一人，姓翁字敏，自小熟读四书五经，足智多谋，聪明过人，人称"小诸葛"。翁敏朝思暮想要拔出神剑，但一次又一次去拔，次次都空手而归。后经圣人指点，用砻糠（亦即米糠）搓绳能拔出神剑。但砻糠搓绳又谈何容易，翁敏冥思苦想，不得其解。一天晚上睡觉，梦见一个白胡须老人笑眯眯地告诉他："只有砻糠拌柏油才能搓成绳。"翁敏一觉醒来，照老人办法去做，果真用砻糠拌柏油搓成绳。

第二天一早，翁敏带着砻糠搓成的绳来到将军山。他用绳扎牢剑柄，用力向上一拉，神剑果真慢慢被拔上来，约离地过半。这时有个樵夫担着柴路过此地，见神剑将要拔出，不觉脱口而出："啊呀，砻糠搓绳怎能拔剑？"话音一落，神剑就一动不动，任凭如何用力，神剑再也拔不出来。自此，神剑就无人能拔，后无人再试，神剑永远插在将军山上。现为涌泉一景。

◎ 废木造栋梁

唐代中叶,延恩寺遭火焚,寺庙成了一片废墟,300多僧众无处栖身,个个心急如热锅上的蚂蚁,巴不得及早重建延恩寺。这时,方丈怀玉只身出游化缘,欲重修延恩寺。

一日,方丈怀玉禅师,请来四六工匠,带到寺外自然庵前古井旁,告诉大家,说自己在温州山里化到一大批树,经过300里水域将从这个井口上来。众人不信,好奇的目光投向井口,只见大师口中念念有词,一眨眼工夫,只听"咕咚"一声,果真有一根大木料从井底浮上来。大家欣喜若狂,急忙把木料拔上来。说也怪,拔上一根紧接着又浮上一根,接二连三,一根又一根,拔了三天三夜还是拔不完木料。这时场地堆满木料,方丈以为建寺木料差不多了,顺嘴问了木匠师傅一声"木料够了吗?"木匠师傅也没清点,认为这么多建寺木料,保证有多无少,便不假思索地应道:"够了!"哪知话音一落,井下一根木料仅浮上一半,便横在井底拔不上来,任凭众人怎么用力,都无济于事。经清点,建寺木料缺一根栋梁。后来木匠师傅只好用废木箍成一根木料来替代栋梁。

重修延恩寺后,后人将自然庵前的古井叫作"仙人井"。其井口由于当时拔木料时磨损了一角,今用水泥石块补了这个缺,井底尚横有半段树木也隐约可见。仙人井井水终年不涸,冬暖夏凉,清澈见底,其泉水还从井底向上涌,故把方圆百里村庄取名"涌泉"。

◎ 冯氏祖公救康王

北宋末年,金兵入侵,掳走康王父子,幸亏有人相救,康王逃出虎口。历经围追堵截,千辛万苦,不远万里逃到白沙(今台州市椒江区外白沙),被追赶的金兵层层包围。康王杀得遍体鳞伤,精疲力竭,眼见上天无路,入地无门,长叹一声:"我命休矣,大宋亡矣。"正要拔剑自刎之际,只见金兵大乱,杀进一支生力军来,保护康王杀出重围。康王得救了,但保护康王的军队与追上来的金兵奋力血战,最后由于寡不敌众,全军以身殉国。

康王在临安(今杭州)登基即位,建立南宋王朝,追封外白沙救皇有功首领冯宝为兵部尚书,其子冯安国,浙东观察使,厚葬戚山寺(今椒江区葭沚镇严士街),降旨小祠堂冯府(今临海市涌泉镇冯氏祠堂)的门前设立麒麟墙,"凡路过冯府门前者,文官下轿,武官下马。违者立斩不赦"。冯宝,河南

● 涌泉民居

河间府(今属河北省)人。后其子孙在涌泉居住。据史料记载,冯宝之子安国,孙元、吉、华在今椒江、涌泉一带生栖。后华迁居宁海西垫,成为当地冯氏始祖。

◎ 茅畲埠

据传,在很久以前,有牟、冯两位好友,常结伴云游天下。随着时间推移,两人感情日深,最终成了结拜兄弟。

一天,哥俩云游到涌泉,发现这个地方依山傍水,山清水秀,且多有名胜古迹,是个风水宝地。他俩连玩多日,仍然依依不舍,而冯氏尤为眷恋。哥俩就又住数月。忽一日,冯氏对牟氏说,兄弟,我看好这里,实在不想离去,我们是否一起就在这里住下。牟氏说,既然兄弟看好这地方,你就在这里住下,我也要在这附近找一宝地住下,便于经常往来。于是,兄弟俩就在附近为牟氏寻找宝地。最后,牟氏看中了茅畲(今黄岩茅畲村)这地方,就在那里住下。

● 茅畲埠

哥俩就这样在两地生栖下来,日复一日,年复一年,相互往来不绝,两人的感情依旧。为了子子孙孙这样友好地交往下去,分别在两地留下一个永久的纪念标记,把从涌泉去茅畲的江边道头称为"茅畲埠",而把黄岩茅畲村街中的一方水井称为"涌泉井"。

◎ 黄猫头山和老鼠屿

相传，很久以前，海门对岸伏着一只体形巨大、浅灰色的老鼠精，妄想进入海门关，再沿着弯弯曲曲的灵江边道窜进台州府城，准备将台州府城闹个鸡犬不宁。就在蠢蠢欲动时，它突然闻到一股异样的气味。原来，管呑村后面，端坐着一只体大如山、毛色闪亮的大黄猫，正虎视眈眈地窥望着海门港。老鼠精一眼看到黄猫的威严神态后不觉吓破了胆。但老鼠精不甘心就此罢休，它的小眼睛转来转去，还在想闯关的主意。

此时，天上的一位神仙看到了这一切，他知道，一只成精的老鼠和成精的猫斗法的事眼看着就要发生。鼠猫相斗，老鼠必败无疑，更何况老鼠闯关还是非正义之举，也是注定要失败的。但两者一斗，必定要涂炭许多生灵，会给台州一带百姓造成许多灾难性后果，这位神仙出于慈悲心肠，想制止这场争斗，于是就决定下凡，干预这事。

神仙下凡后先变成一只山鹰，在老鼠精上空盘旋，因山鹰是老鼠的天敌，一般情况下，老鼠见到山鹰，就会吓跑得无影无踪。可谁知，这是只成精的老鼠，它自以为是，根本不怕山鹰，还翘起屁股对天空放了几个臭屁。这下可把神仙给惹恼了，只见山鹰一个俯冲下来，用爪子抓住鼠精，往空中一扔，老鼠精一下子晕头转向，从空中掉了下来，落在了海门关外的海里，顿时变成了一个岛屿——老鼠屿。

正在此时，管呑村的那只黄猫精发现了，它看见一只山鹰在抓那老鼠，以为是它来抢自己的美食，也就扑腾一下扑了上来，想咬山鹰。这神仙本想把老鼠打发了后，就会天下太平，没料想这黄猫突然会来这一下子，它也不假思索，在黄猫扑上来时，只用翅膀这么一拍，黄猫就落了下去，变成了一座山，后来人们就叫它为黄猫头山。黄猫头山曾经是涌泉茶园行政村的一个自然村。

◎ 水古茶

水古茶,原名水牯茶。很早以前,里山村有一个名闻遐迩的正国寺。寺中的和尚,靠耕种田过日子。有一天,不知在哪儿冒出了个道士,悄悄地来到正国寺附近,见有一位和尚正赶着一头水牯牛(指未成年的公牛)在地里犁地。道士计从心出,准备跟和尚斗斗法。道士施了个隐身法,用法术将和尚正在犁地的犁冲与犁后销之间的木销给化掉了,使和尚无法耕地。情急之下,富有武功的和尚,立即用右手指当木销,插入犁冲与犁后销之间,手握紧犁,左手挥竹鞭,继续犁地,直至这垄地犁到头才歇息。道士一见和尚有如此武功,就匆忙溜走了。和尚来到地头准备放牛,发现地头有一丛茶树,于是他一边将牛绳系在竹鞭上,将牛放在茶丛边,一边随手折了一根茶枝,并拧了拧,扭成绳状,穿插在木销孔中并系在后销上,这样就再也不会掉了。和尚也就继续犁地了。茶树来源方便茶枝韧性好又牢固,后人也就一直这样沿用。直到20世纪80年代,大山村民仍沿用这种方式。当时,这种茶树系野生的,没有什么名,就因老和尚放过水牯牛的缘故,当地村民就把它叫水牯茶。后人为了书写方便,改写为水古茶。

◎ 冤 井

在涌泉泾西,有一口石磨片盖住的古井,也不知是哪个朝代所挖,只知是清光绪庚子年间当地的一个农民在锄地时发现的。这口井的水看起来清澈透绿,但要是有人用井水煮饭,煮出来的饭却血红血红,人们根本就不敢吃。当年,只有一个年逾九十的老人知道这口井的秘密。原来,这口井里还藏着一个冤魂呢。

相传,这里曾是一家富户的庄园,井的位置在这户庄园的后花园。

这个庄户人家不但在当地富甲一方,而且也是名门望族,其老爷更是一个满口仁义道德的正人君子,当地百姓,有口皆碑。但往往就在这些表象背后发生了让人意想不到的悲剧。

这个富户人家有几十个用人,其中一个婢女叫月红,是一个孤儿,自小被这富户收养。月红从小就生得眉清目秀,十分讨人喜欢,长到十三四岁时,便出脱成一个美丽动人的姑娘。虽然,她在府里只是一个婢女身份,但老爷却对她有特别的关照和呵护。老爷有一个儿子,比月红大三岁。两人从小在一起,可谓是青梅竹马,两小无猜,随着渐渐长大,他俩也就有了感情,这也是合乎常理的事,老爷与夫人也没觉得有什么不妥的,并也准备到一定年龄后把他们的婚事办了,这事若是就这么顺利办了,岂不是美事一桩?谁知,在一个风雨交加的晚上枝节横生,把一切都改变了。

原来,这个老爷看着小月红越长越漂亮,早就心生邪念,但又见自己的儿子喜欢着她,也就只好认了。不料,这一年老爷的夫人突然病故,老爷的心里就有了变化,因为老爷有理由把月红娶作自己的垫房。他想,自己娶月红的理由更为充足,自己喜欢月红不说,月红是他从小收养并把她带大的,是她的恩人,再一个他现在没有了夫人,续娶一房乃天经地义,儿子完全可以由自己做主另娶。老爷心虽这么想,但见儿子与月红感情甚好,想让他俩分开似乎不大可能,于是心里也很矛盾。

一个夏日的黄昏,一场雷阵雨降临,又是闪电,又是打雷,狂风大作,暴雨倾盆。家里所有用人都赶紧关好窗户,月红也不例外,月红在关好少爷房间的窗户后,又跑去关自己住处的窗子,中间要经过一段露天院子。月红在经过这段路时,衣服被大雨淋了个透,回房后就先更换衣服。这时,老爷恰恰在自己的住处窗口看到了月红被淋湿的情景,他忍不住潜进了月红的房门外,就在月红换衣时闯了进去,并饿狼扑食般扑向月红……

老爷想,生米煮成了熟饭,月红这边自己做做工作她不得不从,至于儿子嘛,自己有权改变他。

第二天,天还没有亮,老爷就起来了,他毕竟对月红有些放不下心,于是就蹑手蹑脚走到月红房前,不觉一惊,房门开着,这么早,她人呢,一个不祥的预感从眼前闪过,他又不敢喊叫,只是急匆匆地在府内各处找了一遍,不见人影,他就想到了后花园那口井,到得井边一看,傻眼了,井边一只月红穿的绣花鞋,他借月光向井中一看,里面分明漂着一具尸体,他完全明白了一切,后悔也迟了。

为了掩盖此事,他搬来一块磨片压在了井口,并关闭了后花园,为了掩人耳目,他还把月红的那只绣花鞋丢到了附近的河边,还张张扬扬地派人到处找人,最后以月红不幸落水而亡、被大水冲走为名了结此事。当地虽有人觉得事有蹊跷,但谁也不知底细,也不能说什么。此事,只有一个人知晓,那就是这户人家的烧饭阿婆,她一切全看在眼里,当时又不敢说,自这事出了后不久,她就离开了,不知去向。这个故事,或许就是出自这烧饭婆婆之口,然后传下来的。

◎ 樵夫遇仙记

在临海玉岘乡后面的九支山上,有一块棋盘岩。顾名思义,这块巨岩十分像一个大棋盘。每当晚霞映照的黄昏,西面两个山峰的影子落在棋盘岩两侧,很像一对老人在对弈。

据传,古代有一个樵夫叫阿虎,每天都到棋盘岩下砍柴,并靠砍柴来养活年老的母亲,是一个孝子。有一天,阿虎和邻居阿龙上山砍柴,砍着砍着,阿虎突然发现棋盘岩上有两位白胡子老人在下棋,就好奇地爬上棋盘岩去观看两位老人下棋。这位阿虎平时也懂得一点棋艺,看着两位老人高超的棋艺,不禁入迷了。不知不觉间太阳已经接近下山,阿虎"啊呀"一声,惊动了两位老棋迷。老人抬头一看,是一位年轻樵夫在偷看他们下棋,随口说道:"小哥,太阳快要下山,你早该回家看看了。"说完两位老人就飘然而去。

于是阿虎小心地爬下棋盘岩,一看原先自己放在棋盘岩下的柴杠都已经发霉了,柴刀也变成了一块生了锈的废铁,只好空着手慌忙赶回家。一进村,他被一切不寻常的迹象惊呆了。自己门前亲手种的一棵小杨树苗已经变为参天大树,自家的小屋也变成一堆废墟,母亲也不知去向,邻居地主家刚刚建造的大宅院已经破旧不堪,村子里的人一个也不认识他,他也不认识村里的所有人。于是他就到处打听母亲的下落,也无人知晓。

走着走着,他发现一个长得与好朋友阿龙很相似的人就问:"你是阿龙哥吗? 回家也不叫我一声,半天不见怎么变样了呢?"

这位青年人好奇地回答:"你刚才叫谁阿龙?"

"阿龙哥,我就是叫你呀,半天不见,难道你就不认识我了吗?"

"你说的是哪个阿龙？"

"你就是上午与我一起砍柴的好朋友周家阿龙呀？"

"那你是谁呀？"

"我叫王阿虎，难道你真的不认识我了吗？"

"噢！你就是王家阿虎公公吗？听我爷爷经常讲起，他年轻时有一位砍柴好朋友叫王阿虎，一天和他一起在棋盘岩下砍柴，失踪了一直没有回家，我爷爷去年已经过世了。你怎么还是像三十来岁的年轻人呢？"

"怎么，我在山上只待了半天，家里就发生这么大的变化吗？古人说，天上一日，人间百年，我大概在天上看到神仙下棋了。"

● 樵夫遇仙

◎ **蚂蚁桥传奇**

　　古时,涌泉集市远近有名,尤其是居住在涌泉以北大片山区的村民,长久以来,都会翻山越岭到涌泉乡赶集,售卖柴、桁、柿等农特产,山路上行人络绎不绝,热闹非凡。

　　在那片广大的山区,原来有一个名叫溪路乡的行政区域。那里,东接兰田山脉,西接邵东乡,北临小芝康谷岭,南临涌泉乡(镇),因四面环山,与世隔绝,人迹罕至。溪路乡至涌泉乡一带,两乡之间大约有50里山路,中间,还隔着一座名叫猫头垮的大山,海拔有500余米。

　　唐代年间,居住在那片大山里的村民为了向山外发展,一直寻思着如何才能修出一条路来。其中,住在原溪路乡君庄唐一带的一家四兄弟徐大、徐二、徐三、徐四决定带头造路,造福乡里。

　　兄弟四人终于鼓足勇气,说干就干。沿着陡峭的山间小路一边砍柴,一边观察路基,每日风餐露宿,顶风冒雨挖掘山路。由于山间道路逶迤崎岖,他们干得非常辛苦。

　　一日,他们来到了一处山涧绝壁,离对岸约有三丈多远,放眼四周,左右都无法通过。他们在此寻觅良久,也不知何去何从。

　　通过仔细观察,他们还是发现了一些蛛丝马迹。原来,那里正有一群蚂蚁在顺着茅草向前爬,山涧两壁的茅草垂蔓刚好连成了一座桥,蚂蚁正是通过那座"草桥"爬向对壁的。于是,他们突发灵感,决定遵循天意在此处建桥。很快,在村民们的大力帮助下,一座石拱桥就建起来了。为纪念蚂蚁给他们带来的灵感,他们把这座桥命名为"蚂蚁桥"。

　　蚂蚁桥形似洛阳桥,桥面宽一丈许、长三丈余,桥面由长条形石头拼接而成,下窄上宽。有了这座石桥之后,修筑溪路至涌泉的整条山路也就顺利多了。这条山路由一块平面主石、两边各两块侧石铺成,规格一致,很平整。拾级台阶有条不紊、规整排列,石阶光滑如碧。就这样,蜿蜒崎岖的山路在他们兄弟四人的努力下终于建成了。

为了给过往的村民行路带来方便,他们还在山路上建造了五处凉亭,供过往行人歇脚休息。

千百年来,这条山路给过往的人们带来了无数的便利。后人为了纪念徐氏四兄弟的功绩,也专门为他们建造了三座庙宇,并竖立了泥雕塑像。徐大的镇龙庙位于涌泉的店头村;徐二的庙宇坐落在西岙;由于徐四的泥神怎么也塑不住,只好将他与徐大放在一起;徐三的庙宇建在西岙口。因为徐三喜欢吃蚌螺,在他的殿前,人们喜欢放置一些贝壳和河螺。庙宇两侧也挂有一副对联:"岭上架长桥芳踪自古蚂蚁传,殿前飞幼石胜事于今蚌螺说。"

遗憾的是,1997年第11号台风在三门湾登陆,给临海大地造成了严重的灾害。这座千年古桥——"蚂蚁桥"也在此次台风中被毁,使得那条千年古道被迫中断。

● 蚂蚁桥

源深流之远：历史人物篇

◎ 吴文叟和涌泉

　　吴文叟是宋时涌泉人，事迹不见于史志。林表民的《天台续集别编》卷二收录了几首有关他的诗，尚可见出一些梗概。他是宋代涌泉人文的代表。为他写过诗的有苏迟、苏简、胡世将、谢硕、何沇等人。从他们的诗题来看，还能看出，那时的吴文叟在社会上很有名气。比如，苏迟的诗题为："建炎己酉冬，自婺女携家至临海，岁首（四年正月）泛舟，憩天柱精舍，谒吴君文叟山林，感泉石之胜，叹城邑之人沉酣势利，不知山中之乐也。"胡世将的诗题也较长："癸丑三月十日，自涌泉寺过吴文叟山居，临溪观鱼，辄题二诗。"

　　为他题诗的人，都是历史上的名人。如苏迟，他是宋代大文学家苏辙之子，苏轼之侄。苏简又是苏迟之子。苏迟建炎初曾知婺州（今金华），后即寓该地。建炎三年冬，金兵犯浙，乃携全家避乱临海。从苏简诗"径谋百亩从君隐，凭借林泉寄一箪"的诗句来看，他们本来是想定居涌泉，与吴文叟结邻的。这时宋高宗也正好避金兵住在章安金鳌山，苏迟往见（访涌泉当是顺路），重又得到任用，才离开临海。

　　又如胡世将，他是常州人，崇宁五年（1106）进士，曾官监察御史，徽猷阁待制，礼部侍郎。绍兴九年（1139）宣抚川陕，立有战功，后以资政殿学士致仕。他是携家来游临海的，曾在城关巾山玉辉堂（今三元宫）石壁上题名刻石："胡承公（世将之字）同弟成美来游，男羽兆侍行。癸丑清明日题。"游巾山时间与访问涌泉相近。谢碥则是上蔡人，参知政事克家之子，官至太常寺卿。他父子均为秦桧所恶，所以既是避难，又是避祸，寓居黄岩。只有何流的情况不明，但从其诗"故园今草棘，漂泊几时归"看，亦是避金兵之乱流浪临海的。

从以上的介绍中，可以看出吴文叟声望之高。在那个时代能获得如此之广的认知，在台州并无第二人。

从谢碥的诗"先世卜筑无人知"可知，吴氏一族是涌泉的世居。吴氏最初当是独立耕作者，到吴文叟时名气始大，成为耕读传家的有文化的土地经营者。历史上，这类人比较关心生产，熟悉经营，往往是当地农田水利建设的推动者。两宋时期，台州农田水利建设正处高潮，涌泉有适应这个高潮的人文、地理条件，自然不会例外。种种事实也证明，涌泉确是从这时开始得到进一步发展的，吴文叟一家的活动就极有可能与这一发展相联系。

据苏迟、胡世将的诗题所示，吴文叟的住处应与涌泉寺邻近。此地"列嶂峥嵘、寒泉绿净"，而胡世将又称涌泉寺为"天柱精舍"，那么就是在天柱山脚下。吴文叟在此也不是离群索居，谢碥诗云"主人好德乡党敬，宾客来游邻里窥"，可见还有左邻右舍，这是村庄的模式。这里，当时也叫"涌泉"。它什么时候消失已不可知，但现在的涌泉村，则是稍迟于冯氏迁入后逐渐发展起来的。这里应该有一个过程，这个过程即是涌泉的先民在沿江改涂造田的过程。驱卤成功，耕田扩大，才能使得居民的中心点能够前移。据《涌泉冯氏族谱》记载,冯氏始迁祖冯安国与吴文叟有姨亲关系。安国之子原、吉在安国死后投奔吴氏,才在涌泉发族。那么吴文叟对其扶持襄护之功就愈加显然。

苏简诗云:"平时不起轩裳念。"可见,吴文叟没有仕宦之情,因此,后人称他为"吴光禄"或"吴丞相"(均见《冯氏谱》)都是错误的。他家富有藏书,苏简诗"书富五车成活计",可见他还是以诗书启迪时人,应是当地文化的启蒙者,这同后世涌泉人文的兴盛也是有着因果关系。

地以人显,自然景色也有赖于名人效应。吴文叟后世名虽不彰,但在当时却是远近皆知的,宋时的涌泉也因他而显名。

附苏迟等人诗文

山居访友

苏　迟

建炎己酉(三年1129)冬,自婺女携家至临海,岁首(四年正月)泛舟,憩天柱精舍,谒吴君文叟山林,感泉石之胜,叹城邑之人沉酣势利,不知山中之乐也

列嶂峥嵘植翠屏,寒泉绿净浸轩楹。

衣巾清润玻璃上,窗牖疏明图画成。

尘世正趋名利域,山居不识鼓鼙声。

暮年忧患将何适,暂喜沧浪可濯缨。

访涌泉吴文叟隐居

苏 简

水绕庭除屋近山，居人六月自清寒。

平时不起轩裳念，此去真输岩穴安。

书富五车成活计，尊开千日慰艰难。

径谋百亩从君隐，凭借林泉寄一箪。

观游鱼

胡世将

癸丑(绍兴三年1133)三月十日,自涌泉寺过吴文叟山居,临溪观鱼,辄题
二诗

云物起争岩石秀,水泉行带野花香。

一山应接知无暇,赖有青春白日长。

偶寻胜赏到山扉,溪影涵晖动翠微。

正欲临流看鱼乐,扁舟宁待夜潮归。

访文叟宇

谢 碉

绍兴甲寅(1134)正月至吴文叟山庄

学士奔波方绕枝,隐者盘旋能避时。

萦纡三径裹枳棘,庇荫万木藏茅茨。

常时理棹去城远,先世卜筑无人知。

高山为屏开锦绣,清泉可鉴堆琉璃。

主人好德乡党敬,宾客来游邻里窥。

有田千亩何所美,遗子一经常自期。

莫向清流歌考槃,须知好爵徒自縻。

驱羊拾芥不难取,濯缨洗耳应复思。

留题吴氏园

何 沆

旁晚秋晖静,穿松石路微。

山川起幽兴,杖履款高扉。

白首偶成趣,素怀欣未违。

故园今草棘,漂泊几时归。

◎ 一代名师与学生三进士

临海抗倭援朝名将王士琦,已驰名国内外。朝鲜金日成和韩国代表团曾在来华访问时都谈起过王士琦,并赞不绝口。但是,谁是王士琦的老师,至今仍是一件鲜为人知的事情。人们从《临海涌泉冯氏宗谱》中发现,王士琦的老师原来是冯良念。

冯良念(1524—1575),字存伯,号见复,涌泉人。年轻时随临海学者叶忠读书。叶忠,字一之,号山南,正德辛未(1511)中进士,曾任云南大理丞等职,著有《春秋心法》。

冯良念随叶忠读书不到一年,就表现出非凡的天赋,使老师倍觉惊奇,以为苏洵、苏轼复出。他18岁中秀才,翌年考举人中副榜,顿时声名鹊起,上门求学者络绎不绝。这时,恰逢冯良念的同窗学友王宗沐的四个儿子——士崧、士琦、士昌和士业正要求师读书。王宗沐于嘉靖二十三年(1544)中进士,被授予刑部主事。从此,他先后到广西、广东、江西、山西、山东、南京等地任职,官至刑部左侍郎、凤阳巡抚。他和冯良念同年出生,师从同一个老师,从小就结为朋友,亲如兄弟。

由于王宗沐长期在外,难以照顾家庭,因此,邀请冯良念为家塾教师。王宗沐令四个儿子亲自到冯良念家登门求教,就这样,冯良念不仅挑起了教育王家四个儿子的重任,而且还要照顾他们的生活起居,前后长达20余年。由于冯良念自己没有子嗣,因而对四个孩子视同己出,倾心教育,精心培养。在冯良念的严格教育下,几个孩子的学习大有起色。

期间,冯良念曾数次赶考,均未中得功名。后来,也有朋友劝他另择途径进取,他听后不屑一顾,功名在他心里也逐渐淡泊起来。

俗话说:青出于蓝而胜于蓝。王宗沐的四个儿子长大成人后,都没有辜负老师的辛勤培育,除士业外,个个登进士第。长子士崧,官至刑部主事;次子士琦,官至右都御史、巡抚大同;三子士昌,官至右佥都御史、巡抚福建。尤其是王士琦,成为抗倭名将,至今在中朝两国关系史上都有一定影响。

冯良念晚年还是住到了王宗沐家里,也时常约些朋友览胜山水,逢景赋诗,别有一番乐趣。明万历二年(1574)春,冯良念还赴淮阴探望过王宗沐,那时,他身体康健,毫无病态。谁知返回王家不到一年,他就突患疾病不起,时年51岁。

其时,王宗沐正在南京刑部右侍郎任上。当他接到家中关于冯良念病逝的报书时,心中极其悲痛,但因公务在身,无法回家奔丧。于是,就写了"祭冯见复先生文",以寄哀思。文中这样写道:"四儿皆兄为师,二十余年周旋起居""儿悲失师,我悲失友"……字字句句,视冯良念老师为亲人,为他守灵送丧,也流露出深厚的师生之情。

◎ 涌泉三高士

清王朝建立以后为巩固其政权,曾施行了一系列民族压迫的政策,诸如"围田""剃发令""逃人法""投充法""屠城"等,加剧了民族矛盾。如"剃发令",明确规定"剃头之令,不遵者斩"。这对汉人来说,是一个被征服的标志。因此,"反剃发"也就成了当时汉人反抗的举措。

当时,涌泉就聚集着一批反清志士,其中冯禩、叶崇震、董嗣纯等三人是最具影响的人物,后人称为"涌泉三高士"。

冯禩(喆)(1616—1696),涌泉人,字孟睿,号三有(即有须眉发之意),崇祯壬午(1642)庠生。他生性敏捷,记忆力强,曾在延恩寺后边的东刊山倚天馆读书三年,所读书目一览不忘。清兵入关改朝换代后,他仍我行我素,坚持自己的观点:"身体发肤受之父母,可毁伤以图取浮云富贵乎? 况人各有志,唐虞之时有巢、许,文武之世有夷、齐,我自为世外遗民耳,于时何碍? 即不然如谢枋得之被拘,亦第为有明处士足矣,又何虑焉!"他的父亲"见其能坚守义,亦乐之"。

读书、赶考、谋取功名,这在当时社会是知识分子谋取仕途的必由之路。可是,冯襁却不愿走这条路。而当时有田者赋役很重,特别是徭役。冯襁偏偏留着长发,服役是件很不方便的事。有一次,还是他的学生孟隆、孟成代他去承担的。他知道,长此以往也不是办法,于是,他就将家中的三十亩田卖掉,自己则以教书为生。"不赴试""弃田"二首诗,就是当时冯襁生活的真实写照。

"剃发令"是一道极其严厉的政令,政府规定"留头不留发,留发不留头"。冯襁坚持留发,不得已他说服了父亲,离家出走,隐居在望头山的石庆寺。可是,时间一长他又心感不安,于是又返回老家,承欢膝下,好在当地的村民也一直保护着他。

有一年,冯姓与另一氏族为山林问题发生了严重纠纷。冯襁想从中做些调解工作,谁知对方将冯襁留发的事抓住不放,并进行威胁。冯的侄子、亲戚见状也都出来劝说,希望他将长发削了,以便诉讼。但是,冯襁仍坚持气节,矢志不移,并斩钉截铁地说:"宁可官司打输了,也不削发。"

顺治十八年(1661),清政府为打击郑成功、张煌言的反清力量,采取封锁沿海水域,将沿海30里内的人口全部迁到内地,妄图隔断海上粮食、物资的接济。后来,海上抗清力量明显失败,张煌言遣散部队,隐居南田岛。冯襁获此信息,又冒着被抓杀的危险到南田岛与张煌言会面。张对冯的风义非常赞赏,临别还写了一篇"送临海冯生序"的文章,赞扬冯的民族气节。

康熙三年(1664),张煌言在南田岛被清军逮捕,后在杭州遇害,墓建在杭州南屏山,与岳飞坟遥遥相对。

康熙十二年(1673),在中国历史上发生了一场被称为"三藩之变"的战争。所谓三藩,即平西王吴三桂(云贵)、平南王尚可喜(广东)、靖南王耿精忠(福建)等三个藩王。十三年(1674)七月,耿精忠部进军台州。九月二十七日,耿军水陆同进,水路由朱飞熊率领战舰,从海上而来,先停泊在涌泉、新亭、后泾等处。朱飞熊上岸后,先去拜访冯禩(俗称长发秀才),并邀请他一起参加反清。冯并没有同意,但是,朱仍很敬仰他,临别时,还送给他100两银子。同时,下令部属不准动涌泉地区的一草一木,把涌泉保护得比较好。从而,"台南诸乡遭戮,凤桥(即涌泉)千余家独全",未受损失。冯甦闻讯,赠诗云:"德全患难方为至,道济乡邻未是穷。"可见,当时的冯禩在社会上的威望是相当高的,可谓名声远播!

董嗣纯,生卒年不详,又名心,别号三一道人,临海城关人。他和弟嗣奇,原在黄沙避难,因与冯禩相识,就转到涌泉隐居。

清政府一边实施民族压迫政策,一边又以招降纳叛等形式,引诱那些有学识的人为其服务。其时,董嗣纯还是一个刚成年且已订婚的青年,为了躲避清廷的诱惑,他坚持弃家出走,隐居在延恩寺内,与僧希愚一起开办东林禅社以终其身。他拒绝结婚,就是要断绝子嗣,并以这种决绝的态度来表达他与朝廷"不共戴天"的立场。他死后,与冯禩同葬在涌泉葡萄坟,其未婚妻亦忠贞不移,守节而死。

叶崇震(? —1653),字孺雷,号淖民,临海城关人。明朝灭亡之后,他便离开城关,住到了涌泉沙渚。

　　沙渚四周临江,既隐蔽,又安静,是一个不太引人注目的孤渚。叶崇震到涌泉沙渚,确实还有自己的抱负。一是涌泉聚集着一批反清志士,他可以经常同冯襈等人一起,抒发心中的苦衷。二来他已立下大志,一定要把明朝几代人的历史写下来,以寄托亡国的悲痛。于是,他一边教书,一边整理史料,历经10余个寒暑,终于将明代万历、泰昌、天启、崇祯四朝的历史人物整理成书,足有尺余厚,名《历、昌、启、祯四朝史传》。

　　叶崇震于顺治十年(1653)八月十一日病故,临终前,他遗嘱将史稿与幼女一起托付给冯襈。冯将它放在家里的竹箱中,在以后长达五年的时间里悉心管护,等候有志继承的人整理出版。有时遇上清兵进村,他就背着书稿逃到山上躲藏起来。

　　顺治十四年(1657)秋,有一支海上武装入境,不仅将冯襈抓去,而且还将冯秘私藏的明史书稿付之一炬。冯襈是个诚信至上的人,他对自己没能完成朋友的嘱托心感悲痛和惭愧,为此,他还做了四首诗,以寄托自己的悲痛之情。其中一首是这样写的:"付托无全效,深惭叶史臣。幽怀未可释,巨恨竟难伸。念及心如刺,谈时面有尘。由来不易泣,唯此泪潸频。"

　　明朝灭亡后,临海坚持民族气节的人还有很多。如陈函辉的自杀殉国、王廷栋的聚兵抗战,谢白翠的结寨自保,更多的则隐遁四方,拒不与新朝合作。涌泉除三高士之外,还有冯兆用、应开先等人都是与冯襈等一起走隐遁之路的。而涌泉人在他们的影响下,也多以人力或物力来支援着海上抗清的势力。

　　"涌泉三高士"生活的年代,距今已有300余年。他们的形象历历在目,让人难以忘怀,特别是长发秀才冯襈的民族气节,以及他的那些以诚信处世、以真情待人的情义,至今仍在涌泉民间流传。

附冯禩诗二首：

不赴试

惭余自学仲尼徒，唯佩经言宝发肤。

敢效采薇千古节，将为抱瓮一时图。

先机欲审裈中虱，雅爱空怜屋下乌。

毕竟避痈无药饵，岂知韦杜事糊涂。

弃龙江田

家君垂业志綦艰，不肖痴儿视等闲。

一掷如毛三十亩，只图娱乐禩禔间。

◎ 冯甦一家三人著作列入"四库全书"

《四库全书》是我国历史上最有影响的著作集成。由于该书类别繁多，内容极其丰富，因此，在选编时，将著作分成两档，一档是将书籍全文收录，称为《四库全书》；另一档只收录书籍的书名，称为《四库全书总目》存目。历代临海人氏被《四库全书》收录及列为《四库全书总目》存目的，共有46人，59部，居台州各地之首。其中，涌泉冯甦一家三人，就有5部著作列入"四库全书"。

● 冯甦

冯甦(1628—1692),清顺治十五年(1658)进士,官至刑部左侍郎。他一生著作甚丰,其中,《滇考》2卷,被《四库全书》收录;《见闻随笔》2卷和《篙庵集》5卷,列入《四库全书总目》存目。

冯甦的祖母陈珍(1585—1643),著有"绣佛斋草"1卷,列入《四库全书总目》存目。

冯甦的曾祖父冯学易(1541—1614),明隆庆元年(1567)举人,曾任长芦盐运使。其《长芦盐法志》13卷(同纂),列入《四库全书总目》存目。

冯甦一家3人共5部著作列入"四库全书",已超过当时仙居全县总数(3人,3部)。像冯甦这样的家庭,在临海以至台州也是为数不多的。

● 《四库全书》书影

◎ 冯渝宗

冯渝宗(1323—1377),字浩川,元末明初涌泉人。元代后期,政治极端腐败,官府已无力控制社会,群雄纷起,渝宗有识,家境殷实,自然成了涌泉一带的领袖人物。

元至正八年(1348),方国珍起兵反元,各地民众纷纷响应。冯渝宗亦率子弟兵加入方部,担任"万户"之职。他作战勇敢,很快成为方国珍部的主力,参加了许多重要的战斗。至正十七年(1357),他领军攻打割据苏州一带的张士诚,在太仓爰子桥取得大捷,迫使张士诚向元朝屈服。至正十八年(1358)又出兵曹娥江,战败依附于元朝的军阀迈里古思,收复上虞、余姚二县,战后即以武略将军之号镇守余姚。以后又出任温州路副总管。当时温州情况复杂,多种势力在此进行争夺,方国珍亦有意以温州为基础经营福建,委之以重任。

方国珍降明以后,冯渝宗回转家乡,筑别墅于东岙,名曰"东轩"。尝与三山文士贺檄等友人诗酒往来,贺作《东轩记》相赠,以示钦慕。

◎ 冯　银

冯银(1427—1487),字纯端,号可山,涌泉前闸人。自幼聪慧,读书过目不忘,"再读即能诵矣",考试屡屡名列前茅,同窗好友无不佩之。稍长,仍"晨窗夕灯",刻苦勤勉。明天顺丁丑(1457)举进士,任刑部广西清吏司主事。在任间,清廉明慎,以勤报国。其执法的原则是:重者决之,轻者刑之,疑者释之,冤狱辨而诬讼息。任期满后,升任刑部员外郎。他秉法不阿,与权臣袁彬产生分歧。他认为自古以来邪正是势不两立的,久之,难免祸事来临,又因双亲盼他回家,于是辞官归田。返乡时,"囊无余钞,箱无余帛",深受族人亲友赞誉。著有《可山集》,已佚。

◎ 冯 沈

冯沈(1442—1484),字荣端,号师松,冯银之弟。生而丰姿飒爽,聪明过人,年幼时就研读科举书籍,学业进步甚快,深得老师器重。明成化壬辰(1472)举进士,任安徽宿松知县。此地处皖鄂边界,政令不通,民风悍烈,良民遭殃。时有人认为,进士任知县,似乎委屈了。但他却认为:"不然。食七品之秩,寄百里之地,得尽所学以报效朝廷,足矣,岂论邑之巨细哉!"赴任后,以廉洁自律,仁惠百姓,竭力推行"良者奖之,强者锄之,不平而争者直之,贫病而苦者济之,顽梗桀骜者化导之"。未经年,成绩卓著,声名远扬。后突遭疾病,病危时家人亲友都极叹惋,但是他却坦言道:"何患!读书而登金榜,任宦而至郎官,亦谓荣矣。"去世后,有五子,产业萧然。

《安庆志》称赞冯沈曰:"育小民,孜孜不倦。既去而民思之。"其邑署还贴有一副对联:"进士少年登,人夸有学;郎官今日做,我愧无能。"后来,虽然县官换了一任又一任,当地百姓仍存其对联,认为"冯侯德政犹存"。

◎ 冯宁侯

冯宁侯(1522—1564),字良惠,号凤池,临海涌泉人。少年英俊,出类拔萃,性格旷达,乐于助人,主持公道。无论是族间事、乡里事,还是县州事,不知则已,知则秉公仗义,尽力而为。他身材伟岸,脸色红润,人见之无不惊骇。嘉靖戊午(1558),以府学生身份被推荐到省里考试。王副使见他才貌不凡,很敬重他,竟与他攀谈一整天,临别时还将他送出大门。这时一位侍吏看到王副使的亲热情景,上前劝止,遭到王副使斥责。王副使与冯依依不舍道别。嘉靖己未(1559),赴京参加礼部闱试,武英殿大学士严嵩见之,严竟被凤池的容貌所吸引,欲醮凤池为婿。凤池坚拒之。这时一位相士,给凤池看相,而后告知严嵩:"此子才貌固称玉立,恐不能与相公久处。欲醮之,须待来科可也。"不料凤池未中,严嵩就鼓励凤池,希望他回家后继续努力,以期再考。结果,他回家不到5年,就身染疾病,不幸辞世,年43岁。族人亲友无不为之惋惜。

冯凤池英年早逝,但他于(1540—1564)年间创办的南屏书院已成为涌泉文化教育的发祥地。

◎ 冯光奴

冯光奴(1542—1558),女,临海涌泉人。小丧母,秉性刚毅,平日少语。幼许配给黄岩葛坤为妻,年17未嫁。明嘉靖三十七年(1558),倭寇侵扰浙江沿海,登陆涌泉。光奴父想献金倭寇,以保全家人性命。光奴反对,说:"何必如此,遇寇当拼死不受其辱。"遂与伯母等避匿将军山密林中。

不久,光奴等躲藏处被倭寇发现,一寇强拉光奴企图侮辱,光奴奋拳猛击,寇挥刀斩断她的手指,她就以另一只手抓石块击寇,使他头破血流。最后,光奴竟被倭寇砍死。

101

光奴牺牲遇害后，她的浩然正气、宁死不屈的精神，在社会上反响极大。时台州有名望的人物礼部尚书秦鸣雷、吏部尚书何宽、左都御史吴时来等，都赋诗歌颂光奴爱国抗暴事迹。邑人应明德有诗悼云："慨慷红颜千古少，从容白刃一身孤。"

时任浙御史周斯盛、提学副使王维一，将光奴的事迹奏于朝廷。嘉靖辛酉年(1561)赐建烈女牌坊。此坊原竖于涌泉横街，20世纪50年代时被毁，其石料用于当地水利工程。

光奴墓在涌泉将军山下(一说东刊山)。

◎ 陈 珍

陈珍(1585—1643)，女，临海城关人，是涌泉冯元鼎之妻。从小聪明好学，仅在父兄身旁听读，即能举目背诵。既通经文，又善诗文。育有三子二女。29岁时，翁、夫先后在两个月内去世。她强忍悲痛，不辞艰辛，抚育子女成人。儿女婚嫁毕，仲子不幸离世。此时，孙冯甦出生不满周岁。她含辛茹苦，与儿媳一起，共同抚养冯甦。冯甦长大后学有所成，官至刑部左侍郎。

陈珍诗才敏捷，有不少诗文传世。据《涌泉冯氏族谱》"内集"卷记载，其诗风格，颇有大家韵味，常有名家称其五言诗似晋陶渊明、唐韦应物；其七言诗如唐刘禹锡、白居易；其七言绝句堪比唐高适、岑参。足见其诗在当时诗坛中的影响。她的《绣佛斋草》诗集，列入《四库全书总目》存目，成为著作列入《四库全书总目》的台州唯一女诗人。陈珍因命运多舛，人生坎坷，诗风多显出幽怨之音。

附陈珍诗六首

谢王献叔亲翁评诗

（其一）

仅图教子历冰霜，二十年来愧未亡。

时有悲歌成泪忆，非关叶韵鼓诗肠。

骊珠自我甘鱼目，羊质从君假虎裳。

他日覆瓿如免此，多因评骘或珍藏。

（其二）

词坛艺苑总宗盟，兼向风尘有所评。

此日寰中推月旦，由来天上谪长庚。

才华应视弹冠薄，憔悴惊看被衮荣。

三唱依希追嫠妇，何心世代博诗声。

曙　窗

双峰掩映小楼前，树影窥棂一枕偏。

唤醒春愁无个事，数声啼鸟落花天。

继祖问业

（其一）

筑室更分天，牵萝结短椽。

琴闲风入韵，榻静鸟窥玄。

好就马卿赋，无凭狗监贤。

还期松桂下，抱月枕书眠。

（其二）

幽室堪逃俗，孤高志不群。

笔花飞晓雾，剑气薄秋云。

径僻无人问，香清静自焚。

谢家多玉树，斗酒且论文。

子规行

子规山中鸣，妾在闺中听。

子规啼一声，妾泪千万行。

子规啼不歇，妾声千万结。

耳听子规声，目流子规血。

殷勤语子规，切莫啼向斯。

归去复何去，俯首几成痴。

◎ 道奇六可

六可（1598—1637），名道奇，俗姓叶，温州永嘉人。年十九慕天台教观，乃徒步入临海，遇西山蕴空和尚于中渡道上，遂依之。苦行精进，发意参禅。复参密云大师于盐官，服劳五载。后返临海，时海门染疫，众请禳灾，一祷咸愈。因留居枫山，重建清修寺，徒众渐盛。又复兴东掖山能仁寺。明崇祯十六年

（1643），从涌泉延恩寺住持无查之请，入寺说偈传法。于是听者甚众，延恩门户为之新开，重修大殿、斋堂、禅房、放生池等。清顺治十四年（1657）圆寂，世寿59岁。

◎ 冯甦

冯甦（1628—1692），字再来，号嵩庵。曾祖名学易，明时官至河南运使。祖元鼎，"性至孝，有文名"，惜三十而卒。伯父绳祖、父继祖，"皆力学能诗文"。冯甦生数月而父卒，遂由伯父绳祖支助抚育成人。13岁时参加童子试，冠第一。入清，于顺治十四年（1657）以明诸生的身份中举人，翌年中进士。顺治十八年（1661）授永昌推官，适逢荒年，冯甦即上请于督抚发仓济民，"全活无算"，升澂江知府。时吴三桂驻滇，意欲叛乱，平日放马于田，敛粮于民，购豆麦仅给半价，百姓颇受其苦。甦见民不堪命，谏以"民为邦本，既身居西南大藩，岂可不顾民命，盘剥生祸？"吴闻言而止。调楚雄知府，同时兼摄大理、云南，转临源道按察使。冯甦知吴三桂必将叛乱，便暗送其母及家眷归里，为吴截回。及乱起，吴乃拘甦之母为人质，而升冯为广东巡抚。不久母故，冯甦再也"无所顾虑"，遂"协谋归正"，清廷"嘉其忠阖"，仍授以广东巡抚。在任呈有关国计民生之事80余条，"多见施行"。清康熙十七年（1678）十二月擢刑部右侍郎，翌年升左侍郎，又兼侍讲及殿试读卷官。尝应制赋诗，甦诗才敏捷，首成上呈，受到康熙帝的称赏，并"传示公卿交阅"，侍讲施闰章赠诗有"受诏近传新句好，亲承天宠与深论"之句。在刑部数年，尽心尽职，"谳狱多所平反"，被康熙誉为"品望才情，远出魏象枢之右"。康熙二十年（1681），清军挥师云南，荡平吴氏，甦遂举母棺而归里。

冯甦"幼奇慧,目有重瞳",6岁能作文,长益笃学,尤长于史,为官所到之处,凡地方文献,旧志残编,无不搜览;山川地理,江河险隘,多所勘踏,且一一记之于心,笔之于簿,公暇总以读书著述为事。人称其生平"优于智略,而著述尤富。凡天文、舆地、河渠、乐律以及诗古文辞靡不究解"。所著有《滇考》《见闻随笔》《劫灰录》《抚粤日记》《永历编年》《蒿庵奏议》《石园稿》《南中集》《知还堂稿》等。在滇时还为之纂修省、郡各志,回乡后又纂有《台州府志》《台考》,并尝刊刻过王士性的《五岳游草》等书。

清代,台州唯冯甦与齐召南官位最显,皆登侍郎,而清初则冯甦一人而已。览其一生,善处事变,既勤且谨,虽臻显宦,不废操觚,堪称清初仕、学并显之一代闻人。

◎ 冯赓雪

冯赓雪(1720—1782),字缵修,号瑶田,又号百花洞史,清末旅游家,临海涌泉人。赓雪为乾隆岁贡,诗词散文俱佳,游记尤有思致。齐周华称他的诗"正雅流畅,韵致翩跹,知是吾郡中侯夷门(即侯嘉磻)后一人也"。著有《击壤集》《兰竹居诗草》《鹤田集》《钓鳌集》《环碧楼集》《湖山汇草》及《台南洞林志》等。《台南洞林志》书名曰志,其文则为游记,是以游记为诸洞作志也。这里节录描写鞭蓉洞的一段文字以见其趣:"秀丽山芙蓉洞,洞去金鳌四十里,当雨华北门。有三道可通,东自桃渚城,西自芝岭,南自九龙山,俱四五里可至……至黄氏村,见峭壁截云,中央一山,亭亭卓立,四周丹崖翠巘,攒簇包裹,仿佛千叶莲花从绿波中泛出,下有小山无数扶之,仅及其腰,又若田田之叶,智𫖮所望殆即是欤?游之,自山麓进,麦畦层叠,拾级而登,始得门。两崖分峙,菡萏中攒,四无依倚,不异武坑之玉台,然彼则琢玉为柱,柱柱圆明;此则刻翠为瓣,瓣瓣秀整,为各臻其妙也。玉沚、芙蓉之洞即在崖交嫭处,俗又名佛音。洞之前两石柱撑空树立,如神将翼卫……旁有五马回朝之山,风鬟雾鬓,天骨开张、而后山之奇石,雕镂刻划,无品不臻,无形不备,令人目迷矣。"这里虽然着墨不算很多,但境界无穷,远眺近观,步步为景,脉络清晰,愈写愈奇,如作丹青,色色辉映,随手拈来,极尽绘景状物之能事,读之真能令人神往而目迷。

◎ 周　璜

　　周璜(1834—1875),字朝玉,号蓝生,涌泉后泾塘头人,16岁应县试,得知县仲孙樊嘉奖。咸丰七年(1857)乡试荐考未中,学使报以第二名廪生,九年(1859)中举人(83名)。同治三年(1864),上京会试,备荐拣选知县,授例捐四班统选教职,六年(1867)十二月选授新昌县学训导,次年秋赴任视事,九年七月兼署嵊县学教谕,十年(1871)捐内阁中书,十二年(1873)六月任广西新邑县。时烟山土匪滋事,周璜巡守城垣,以至事平。新邑产白术,拟设白术抽厘局,乡绅耆老阻之,造城官府与城绅唆动,互相讦讼,上提之势不解,周璜出面调停,使两方允服息讼。城乡百姓特制万民伞,立碑称曰"化洽儒林,声蜚艺圃",以志其德。同治初,周璜主持在上畔长沙建连盘、苟荡两闸。同治六年(1867)周璜与陈一鹤请于知府刘璈拨杨司庄充公田56亩,涂地105亩,充章安金鳌书院以义膏火。周璜善书,同治五年(1866)为章安街方万盛药号题写匾名。为官六年,以身律己,无积私蓄以归里,后以疾终于家。

◎ 冯楚燊

冯楚燊(1841—1891),字秉营,涌泉泾东村人。素有武才。喜欢骑马射箭,舞枪弄棒,在武艺上有勇气与蛮力。同治乙丑年(1865)参加省试,中武举人(第二名)。戊辰年(1868)赴北京应考,中进士(武),列前20名之一,任御前侍卫(六品),留京4年。后出任浙闽总督麾下的右营守备。数年后,调漳州城守营都司,兼理游击,代理漳州总镇。1877年调任噶吗兰防区(台湾北部一带)任都司兼游击,总理全台营务。1879—1880年来台州府辖地招新兵300人,允实绥靖营兵员,驻防澎湖群岛。1882年任管带绥靖全营,兼游击,总理全台营务。在历任京官侍卫、漳州都司及澎湖管带等武职达数十年中,获纪绩数十次,立了许多功勋。在澎湖任上,根据防地周边形势与需要,修炮台,开沟渠,以固防务。在台湾任上,在台中、台南一带修筑坚固营寨,曾多次击退外敌的侵扰,确保了当地一方的安宁。因此,百姓都称颂他。

光绪庚寅年(1890)遭诬害。辛卯年(1891)八月卒于福建浦城,享年51岁。厝于故乡大桥闸下。

◎ 曹　恺

曹恺(1875—1940),又名曹福仁,涌泉前里村人。清代光绪年间考取秀才。民国成立后,曾任浙江省第一届议会议员,安吉县知事。据有关史料记载,曹尊师的品行在当地有一定影响。曾跟随孙春泽学诗。孙春泽,天台人,定居于临海。孙去世前,将一部《万八山房诗钞》的手稿,交托给曹。曹对此事极为重视,特地将孙的手稿交给大儿子曹建编纂,并于孙去世几十年后的民国时期,出版了《万八山房诗钞》一书,终于完成了老师的遗愿。

◎ 翁雪耕

翁雪耕(1877—1966),涌泉西翁人。清秀才,究心岐黄。曾在涌泉"翁万年"及海门(今椒江)"阜大"药栈坐堂多年,求诊者踵履相接,信誉颇高。新中国成立后,曾任临海县二届政协委员,留有《证治意行》等临床笔录4万余字,享年90岁。

(注:岐黄,黄指的是轩辕黄帝,岐是他的臣子岐伯。相传,黄帝常与岐伯、雷公等臣子坐而论道,探讨医学问题。"岐黄之术""岐黄之道"指中医学术或医术、中医理论;"岐黄家"指中医生、中医学家;"岐黄书"指中医书;"岐黄业"指中医行业。)

◎ 尹廷辅

尹廷辅(1880—1952),名义祖,字佐成,涌泉中呇村人,拔贡,上海法政大学毕业。曾任广东省合浦县知事、广东最高法院推事、浙江丽水县第十一地方法院院长、杭县地方审判厅推事、湖州地方法院刑庭庭长、临海县自治研究所所长、台州律师协会会长等职。全国解放后,与沈钧儒先生取得联系,为新中国的法律建设作过许多有益贡献。

在合浦县任职时,减轻赋役,慰抚百姓,肃清匪患,使一方百姓得到安宁。卸任时,当地百姓扶老携幼,设香案挽留,并赠万民伞以颂德政。在法院期间,谨慎办案,深得百姓颂扬。在临海任职时,根据临海区域地理状况,精密周详地划分出临海区、乡行政区域。这次划分,从清末到民国,在长达三四十年中,虽然区、乡名称屡有变动,但始终没有越出当初划定的范围。同时,他还引进杨梅种植,带领家乡百姓,兴修水利,开挖新河道,使马家洋数百亩低洼贫瘠的劣等田,变成旱涝保收的良田。

◎ 褚民生

褚民生(1886—1965),名人华,字有光,以号行。涌泉管岙村人。家甚富,当地群众称他民生相,在涌泉一带颇有影响。

褚曾为我军解放杜桥和开展剿匪做过一些有益工作。二十一军六十二师解放杜桥那天,兵分两路向杜桥进发,其中一路沿钓鱼亭、管岙、玉岘、章安方向前进,是由褚民生和何寿延做向导的。在开展剿匪期间,时任涌泉区委委员的陈宝祥同二十一军20多位战士一起,曾住宿在褚家。同时,褚还同陈宝祥、陈周文等一起,参加过剿匪活动。

他对种植柑橘、桃、枇杷等水果有一定研究,尤其是柑橘。据《临海特产志》记载,20世纪30年代时,褚就引进温州蜜橘和孢子橘,栽种在管岙江边的沿线,约有5亩,是临海最早引进柑橘良种者之一。新中国成立以后,曾居住在城关江下渚,栽种桃树和番茄等果蔬。

1965年12月12日,褚在家中病故。

◎ 冯一中

冯一中(1898—1977),号剑尘。涌泉泾东村人。临海赤城师范毕业。曾组织戊午学社,创办紫阳、西城二小学及《灵江周刊》,并筹设新新书局。

北伐战争开始后,到国民党军队任职。1929—1945年,先后任师会计课长、师军需处上校主任、军部军需处上校处长、军需署专员、军需署监验组副组长、青年军编练总监部经理处少将副处长。抗战胜利后,以军政部少将参议衔率军署人员协助台湾特派员李进德将军接受日本投降。1956年退役,1958年任台湾省农工企业公司总经理。1963年任台湾省府参议。1973年退休。1977年2月病逝于台北,终年79岁。

◎ 曹 建

曹建(1899—1992),涌泉前里村人。北京大学哲学系毕业,获文学士学位。大革命前曾参加中国共产党领导的"乙丑读书社",并为该社发起人之一。20世纪30年代蒋介石叛变革命后,曹建曾与蔡元培、宋庆龄、鲁迅等共同组织"中国民权保障大同盟",进行民主革命工作。曾任《中华月报》主编。抗日战争时期,在国民党中央组织部工作,曾任党部视察员(简任)。后去台湾省,在台湾图书馆工作。

● 乙丑读书社第一届常委合影

◎ 陈韶奏

陈韶奏(1903—1991)，曾用名李吉平、李文秀，涌泉南坑村人。从小随父兄务农，并寄学邻村私塾读书。13岁转入涌泉初小，翌年跃级插入回浦高小，1920年跃级考入上海澄衷中学读二年级，1923年考入南京东南大学文理科后转农科。在东大期间，除认真学习英语和自然科学外，还阅读了许多英文哲学名著，接受了马克思列宁主义。

1925年上半年，陈韶奏经林炯、李敬永介绍加入共青团，两个月后转为中共党员，任东南大学党支部宣传委员。在南京地委华肖峰(华岗)的领导下，开展学生运动和深入英商"和记洋行"工人中开展革命工作；同年，陈韶奏与林炯、李敬永、林迪生、卢经武等一起回临海组织"乙丑读书社"，利用假期进行革命理论宣传，辅导学生补习文化。

1926年，因陈韶奏参加革命活动太明显，东南大学以开除学籍相威胁，迫其离校。暑假后，陈韶奏转到广州中山大学法科，任党支部宣传委员。是年冬，北伐军进逼江浙，陈韶奏返回浙江，从事革命活动。1927年初，曾任中共临海特支委员。

"四一二"政变后，陈韶奏被迫离台潜沪。10月，党组织派他返回杭州，化名李吉平、李文秀，任中共杭州市委宣传委员。11月，浙江省委被破坏，陈韶奏受命去上海向中央汇报工作后，按中央指示，化装回杭，日夜联络抢救基层党组织和同志。同月，陈韶奏以浙南特派员的身份来台州传达中共中央"八七"会议精神，组织农运，发动农民开展武装暴动，在黄坦上宅召开了"黄坦会议"，1928年4月，陈韶奏出席中央在上海召开的浙江工作会议。会后，陈韶奏因患重病自动脱离共产党。而后参加上海文化战线的斗争。

陈韶奏是上海"社联"的主要成员,他
与"左联""文联""剧联"等组织一道,进行
了艰苦的反文化"围剿"斗争,并以笔名笛
秋和朱铁笙秘密翻译列宁的哲学巨著《唯
物论与经验批判论》,该书于1930年7月由
上海明日出版社出版。这对当时马列主义
在中国的传播起了一定的作用。

1930年下半年,陈韶奏在上海被捕,
1932年经保释出狱,但400元白洋的稿费
被青洪帮讹诈一空。在"一·二八"淞沪抗

● 《唯物论与经验批判》

战的前夕,陈韶奏的全部书籍、衣物被日机炸毁。自此,他一贫如洗。1933年
底,陈韶奏流浪北平,在同乡老友林尧的帮助下以帮助别人翻译、补习英文等
谋生。1935年夏,陈韶奏返里探亲,8月在黄岩被叛徒出卖被捕,遂转解杭州陆
军监狱,后转反省院,1936年"双十二"事件后,陈韶奏被保释回家。

抗日战争爆发后,陈韶奏在海门、黄岩一带与郏国森、林尧、卢经武等一
起,开展抗日救亡活动。8月,应友人之邀去闽北师管区临时募集的抗日救国
军官团担任政治教官,讲授抗日形势。1938年4月去四川涪陵,10月去重庆,
经幼年时的老师陈良介绍,于1939年去西安,任国民党西北第七军分区上校政
治教官,讲授国际形势,并兼任该校校刊编委会秘书,后改任出版社社长。

1944年,陈韶奏离开军校,担任西安市私立东南中学校长。1952年,私立
东南中学改为公立西安五中,陈韶奏担任俄语教员,后相继调任四中、六中俄
语教员。1962年,陈韶奏退休回家乡临海城关定居,先后担任临海市(县)第
五、六届政协委员。1991年病故。

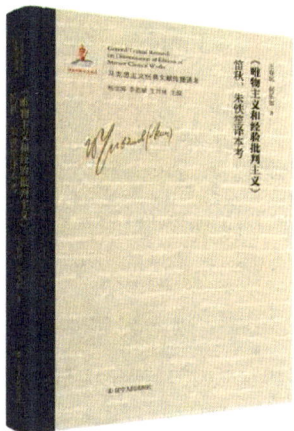

◎ 陈周文

陈周文(1908—1989),谱名培桢,另名文斌。涌泉东吞人。早年肄业于南京海河工程学校。后到上海参加革命工作,曾担任过陆定一的秘书。1953年起曾在临海第一中学(即现在的台州中学)任教。"文化大革命"期间受到冲击。落实政策后在临海一中任语文教师直至退休。

陈周文以知名民主人士身份,在县各届人民代表会议期间,5次被推选为副主席。1951年6月至1956年3月驻会主持县各界人民代表会议常委会工作,为团结各界人士拥护党的各个时期的方针、政策,巩固人民民主政权,作出积极贡献。参与等备成立县政协工作,代表县各界人民代表会议常委会作《常委会五年来的经过》的总结报告。先后担任省政协委员、临海县政协一届、五届、六届委员,县政协一届常委、社会联络组组长。

◎ 冯桥美

冯桥美(1909—1977),又名冯夔,涌泉前坊村人。小时就读于上海浦东中学。后东渡日本,毕业于日本士官学校。回国后,曾在胡宗南部下任大队长。抗战胜利后,任国民党杭州团管区副司令。新中国成立前夕返回临海,同浙江省六区保安独立团楼光明等一起起义,任旅参谋长。新中国成立后,回到涌泉,组织民兵开展剿匪活动。

20世纪50年代初,为解放沿海岛屿做了一些有益工作。

冯桥美病故后,根据有关政策,其妻享受特种人员生活补助。

◎ 曹亨闻

曹亨闻(1910—1968)，涌泉前里村人。在上海光华大学毕业后，赴英国伦敦大学留学，获新闻学硕士学位。回国后在上海复旦大学新闻系任教授，曾任新闻学事业史教研室主任，复旦大学教育工会副主席、民盟上海市委宣传处副主任。

● 曹亨闻

◎ 尹经行

尹经行(1910—1939)，涌泉中吞村人。杭州笕桥空军军官学校第八期毕业。抗日战争时期，国共两党合作，共同抗日。1939年6月23日，尹为保卫祖国，抵抗日本侵略者，以身殉职，时任空军第四大队少尉军官。

尹经行烈士的骨灰，安放在南京中山陵中国航空烈士墓地。墓碑上镌刻着孙中山先生早年题写的"航空救国"四字。新建的纪念塔的题词是时任中央军委副主席张万年的手书。

● 航空烈士公墓

◎ 夏发墀

夏发墀(1921—1941)，涌泉夏山村人。回浦学校高小部毕业后，考入台州中学师范部。1938年在学校里加入地下党领导的"民族解放先锋队"，积极组织救亡团、募捐、办民众夜校,还经常上街进行抗日宣传,从而引起校方的注意。不久,国民党给学校派来两个教官,名曰搞学生军训,实际是搞特务活动。夏发墀等几位进步学生发现这个情况后,就同他们展开了针锋相对的斗争。有一次,为一件事,学生与教官发生冲突,学校要开除夏发墀等几个进步学生,由于遭到了进步教师的反对未成。党组织发现这个情况后,就通知夏发墀、吴圣良、陈定标、吴振亚、陈恭等5位同学去皖南参加新四军。

发墀离家到临海的当晚,就去回浦中学找他的表妹尹蒙,他俩从小一起长大,青梅竹马,感情很深。尹蒙考虑到他的父母年老多病,很想挽留发墀。发墀的父母养过16个孩子,只活下发墀和他的姐姐两人。尤其是发墀,从小体弱多病,是父母含辛茹苦养大的。因此,他对父母的爱很深。这时,发墀却说:"抗日救国,人人有责,国难当头,对国家尽忠,对父母不能尽孝,忠孝不能两全。"表明了自己上前线的决心。接着,发墀等5人从临海出发,途经天台转金华到兰溪,最后到达安徽岩寺新四军兵站,在兵站待了两三个月,才到云岭新四军军部教导队学习。1939年初,发墀加入了中国共产党。1939年5月学习结束时,有的人吃不起苦要求回家,并想拉发墀一起去,发墀坚定地回答:"革命就是要吃苦,不是赶时髦,干革命要不怕牺牲,苦算得了什么?"毕业分配征求发墀意见时,发墀要求上前方。可是,组织上却把他分配到小河口后方医院任秘书,并担任小河口兵站党支部委员、小组长(后调到云岭军法处当干事)。

1941年1月,"皖南事变"前,组织上动员身体不好的同志离开部队到地方工作。尹蒙在离开部队的前夕,特地从中村跑到云岭去看望发墀,正巧这天,发墀从云岭到中村看望尹蒙,两人在途中相遇,真有说不出的激动。当时,尹蒙出于对发墀的关心,提出他左腿患有严重的脚气病,小腿红肿如柱,不能行军打仗,应该向织说明情况,转到地方上工作。不但没有动摇上前线的决心,还要求尹蒙对他的脚病"保密",并语重心长地对尹蒙说:"革命总是要流血的,万一我牺牲了,你要代我照顾好年老的双亲……"这时,尹蒙压抑不住与亲人再次离别的情感,热泪夺眶而出,无限深情地说:"分别是暂时的,真理在我们一边,等到胜利的那一天,我们再见吧!"万万没有想到,这一次话别,竟成了这一对亲密战友的诀别。

后来,发墀在"皖南事变"中不幸殉难,为革命献出了自己宝贵的生命。

◎ 陈士华

陈士华(1926—1950),山东郯城县马头镇南园村人,1945年10月加入中国共产党,曾任马头镇宣传委员等职。1949年6月渡江南下到达临海大田(县政府所在地)。6月下旬,分配至涌泉区任民运委员、农民协会主任,1950年4月任区委副书记。

陈士华在涌泉区工作期间,曾多次带领武工队员、民兵,深入溪路乡箬溪、坑头、崇坑、应家湾等村,同当地群众一起,消灭了多股土匪,为民除害。同时,他和武工队员一起,关心群众疾苦,与群众心心相印,结下了鱼水情。陈士华平时节衣缩食,将省下的津贴费,购买粮食救济困难户,还将妻子临别时送给他的三块银圆,也给了久病不愈的孟周婆。

1950年6月21日,陈士华在山上村召开全乡各村民兵队长会议,共商保卫溪路人民生

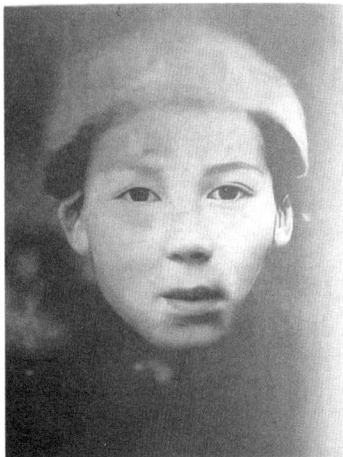

● 陈士华

命财产安全大事。会后,他与陈庆坤、王奎芝一起租一条小船,乘船到海门去向军分区汇报剿匪等问题。船到马头山附近的江面上,遇上了匪首陈亨加、应俊良带领的80余匪徒。在与匪徒的战斗中,由于敌众我寡,陈庆坤、王奎芝先后光荣牺牲,陈士华不幸被捕。

陈士华被捕后,匪徒们先对他软硬兼施,企图从他口中诱逼口供。劝降诱骗阴谋失败后,匪徒们将陈士华打得遍体鳞伤,还用"飞天吊",用火红的铁条络他的手、脚、背、肚。但是,陈士华同志始终威武不屈,表现了一个共产党员的高贵品质。1950年6月23日,陈士华英勇就义,年仅25岁。

陈士华牺牲后,经中共台州地委批准,追认陈士华为模范共产党员。7月12日,中共临海县委发出通知,号召全县共产党员和全体干部学习陈士华同志的模范事迹和献身精神。

陈士华遇害的地点——涌泉大山花麦坑,现已建造了一座水库,名为陈士华水库,以志永久纪念。水库边修建的陈士华烈士墓,是涌泉爱国主义教育基地之一。

◎ 冯增马

冯增马(1927—2007),涌泉泾东村人,1927年出生。1946年参加第二野战军。1947年加入中国共产党。而后,参加襄樊战役、千里挺进大别山、淮海战役、渡江作战、解放大西南、抗美援朝等重要战役。先后任战士、班长、排长、连指导员、营长、团参谋长、副团长等职。在历次战斗中荣立大功1次,三等功2次。

1955—1958年,被组织安排进中国人民解放军武汉第一高级步校深造。1978年10月转业到三门县供销社工作。1984年8月离休。

橙黄橘绿时

下

马曙明 董骞骞 编著

一橘一人生，一橘一家庭

一橘一社会，一橘一世界

九州出版社
JIUZHOUPRESS

茶山云海（沈德强 摄）

● 归(奚 敏 摄)

● 云雾茶(马文忠 摄)

● 逐日(张建林 摄)

● 橘花

● 涌泉蜜橘

目 录
—— CONTENTS

第二部分　秋风醉橘黄

涌泉柑橘的发展历史　　　／ 120

涌泉柑橘与地方经济　　　／ 127

岩鱼头橘场　　　　　　　／ 137

三条岭橘场　　　　　　　／ 141

第三部分　最爱霓裳舞

旗袍的市场发展　　　　　／ 144

旗袍的制作工艺　　　　　／ 148

旗袍的经典图案　　　　　／ 151

旗袍与现代生活　　　　　／ 153

第四部分　天人合一的韵律

山上花开时　　　　　　　/ 156

山顶观荷　　　　　　　　/ 162

兰田品茶　　　　　　　　/ 173

高山露营　　　　　　　　/ 175

夜观星海　　　　　　　　/ 178

延恩寺　　　　　　　　　/ 181

风物人相宜　　　　　　　/ 187

浙江诗人咏涌泉　　　　　/ 192

忘不了那芬芳的橘子　　　/ 205

橘花·橘林·橘子　　　　 / 211

附录　涌泉历史沿革　　　/ 224

后记　　　　　　　　　　/ 226

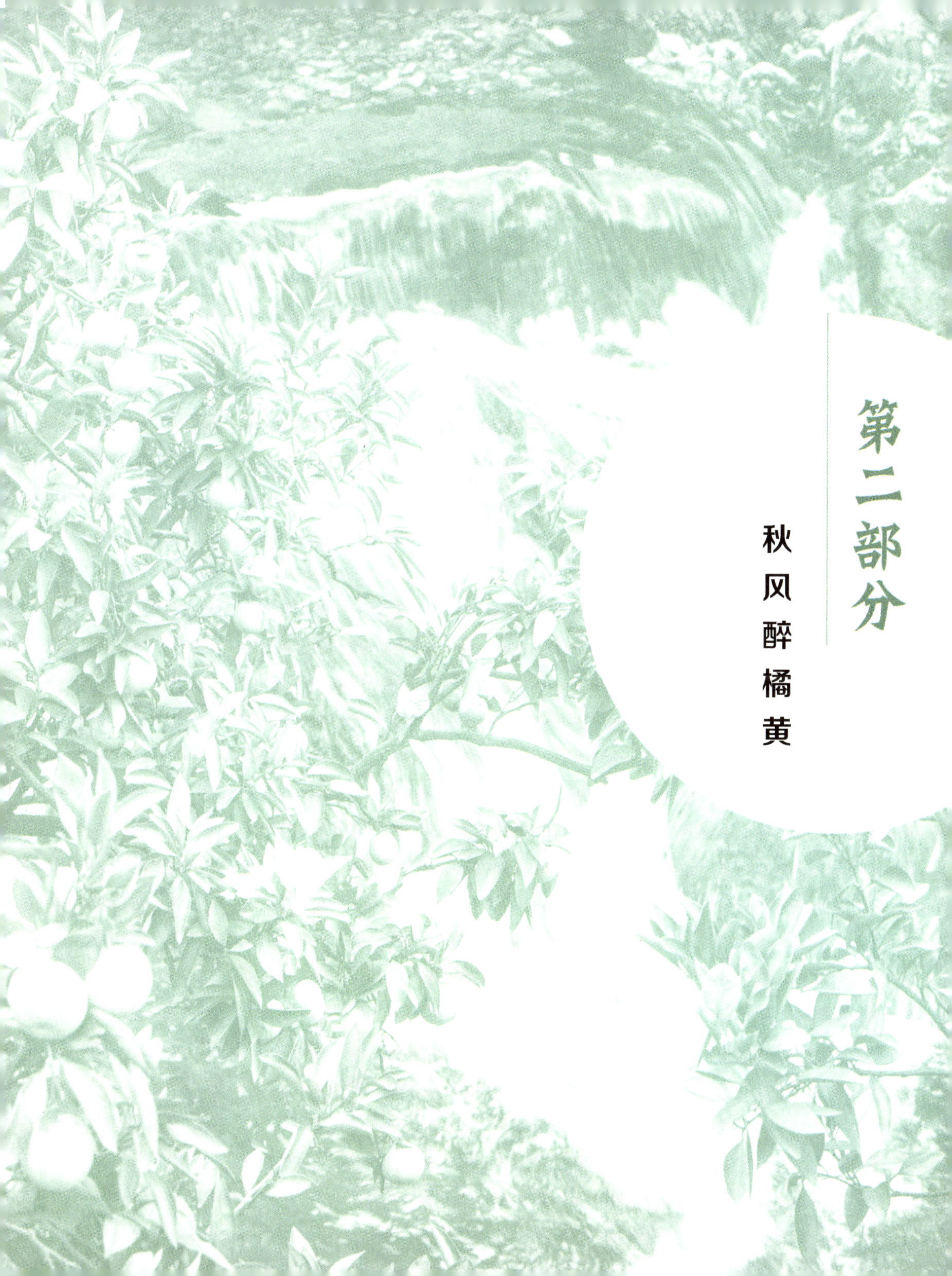

第二部分

秋风醉橘黄

涌泉柑橘的发展历史

临海植橘,最早见于《临海水土异物志》,明代的《嘉定赤城记》也有所提及。然而,后续文献的相关记载并不多。

相传,在明永乐年间,日本有位名叫智惠的和尚到国清寺游学期间曾带回一些柑橘的种子,并把它播种到叫鹿儿岛的岛上,并长出了橘子,其中一株结出的橘子是无核的,从此,这株橘树就保存了下来。日本人称它为唐蜜橘,也叫李夫人橘。

1910年代,日本的一位柑橘分类专家对多种名称唐蜜橘、李夫人橘的无核橘进行统一命名。因日本对品种命名的原则是以发现的地名或者人名作为依据,所以将无核橘命名为温州蜜柑。可能他们认为智惠是从温州的港口乘船到日本的,故以"温州蜜柑"命名。后来经过基因测序,其祖先来自台州。仔细分析,他极有可能从临海或者涌泉带回去的,智惠往返国清寺要经过龙兴寺。龙兴寺作为各州府的官寺,外国僧人前往国清寺先得到龙兴寺办相关手续。日本僧人回国乘船可能性大,历史上

动车穿越大美橘乡

龙兴寺旁边就是临海紫阳街南端的江厦街码头，可能是在码头上船时受人布施橘子带回日本。或者乘船经过灵江下游的涌泉带橘子回去，涌泉有新亭监，又靠近灵江水边，是往来补给的理想地。

自20世纪30年代从日本再传回到涌泉之后，"温州蜜橘"对涌泉区块的土壤环境非常适应。唯有在涌泉种植其品质才是最好的。有人曾试验将其拿到广西、云南去种植，但无论怎样精心管理，都达不到涌泉种植的品质。

追溯起来，临海柑橘大发展20世纪70年代。因临海人均耕地面积极少，为发展水果，当时提出了柑橘上山、下滩的口号，柑橘种植向山地、滩地、海涂地发展，于是，在城关后山大队的山地以及桃渚、上盘、章安等地的海涂地上开始了柑橘的种植。

20世纪80年代，临海又有了"百里橘带"的提法，就是从城关开始，以灵江为线，分两路延伸：一路经城关往西，经城西、大石、双港等地发展，一路由城南经汛桥，沿涌泉、章安、杜桥、上盘、桃渚

岩鱼头

● 岩鱼头

一线发展,延绵不断上百华里。当时的柑橘属于统购统销产品,市场上并不直销。直到20世纪80年代中期,才放开市场。因柑橘种植效益大大好于粮田,在涌泉外岙一带,部分水田都改造成了橘园。

80年代后期开始,临海柑橘产业得到了大面积发展,全市许多三角地带都普遍开始了柑橘种植。

1997年,整个中国都经受了柑橘大滞销的困惑。同年,临海提出了优质名牌工程建设的口号,从重产量转向了重品质,尤其涌泉岩鱼头生产的柑橘最好。当时,其他地方的柑橘每斤只能卖到几分钱几角钱,而岩鱼头的橘子却能卖到每斤5元。

1998年,在省农业厅的大力支持下,临海市在外岙建起了占地505亩的"浙江省现代柑橘示范园区",这也是全省第一个水果领域的示范园区。在该园区内,除了占地约50亩的山路弯橘场属于集体所有、个人承包外,其他地块都是农户个体所有。

为提升品质,在市技术部门的支持下,以冯昌满等为代表的第一代橘农对原有柑橘品种实施了一系列技术改造。

首先是品种改造,将同属温州蜜柑的"尾张"换成"宫川"。尾张的产量较高,种植面积大,但成熟期迟,品质稍差,而宫川虽然产量较尾张低,但品质更好,成熟也早,市场普遍喜欢。为了切实提高柑橘品质,市里也专门出台激励政策支持橘农改良品种。涌泉人又把大量"尾张"品种改造成了"宫川"。其次是树冠改造。通过大枝修剪,将树高控制在2.5米以下,不仅提升了单株橘树的产量与品质,也大大方便了橘树管理与果实采摘。同时,还在按需施肥、大棚种植、优化病虫害防治、机械选果等方面做了大量的探索,尤其是严格实施

完熟采收，使得园区内的柑橘品质大增。园区在品种改造、品质提升上的诸多做法也影响和带动了周边橘园，广大橘农自觉学习，全面推广。

与此同时，临海市也在桃渚等地开展柑橘示范园区建设，大力推广涌泉的成功经验。

1999年，国家外国专家局在涌泉岙园区授予临海全国农业引智成果"优质柑橘生产技术"示范基地。同年，中国特产之乡推荐委员会授予临海"中国无核蜜橘之乡"称号。

涌泉柑橘与地方经济

涌泉种植柑橘可追溯到20世纪初。涌泉东村村民翁后昌、翁后兴等，曾在黄老爷殿旁边种植早橘数亩，杂有少量橙橘。

20世纪30年代，涌泉泾东村村民冯尧西用20包（每包约75斤）稻谷，从日本换来一株无核蜜橘苗栽植，经细心培育，长势良好，果实品质优良。同一时期，涌泉管弄村村民褚民生引入温州蜜柑。

20世纪40年代，涌泉前坊村村民冯桥美在日本留学期间带回脐橙苗，并栽培成功。当然，这些记载的橘树都已灭失。不过，梅岘村还有一株种植于1943年的橘树留存，丰产年份可摘1000多斤，被人们称为"古橘王"。

在民国时期，包括涌泉在内，临海全境已有10多个乡栽种柑橘，面积达980亩，产量为450多吨。

新中国成立后，涌泉柑橘种植生机勃发。50年代末，这里进行了品种的改良，大面积推广无核蜜橘。1961年，玉砚水果场试验嫁接温州蜜柑获成功，并全面推广。1984年后，涌泉柑橘已开始向基地化、产业化、品牌化方向发展，柑橘种植面积达到3.8万亩。1989年以来，涌泉柑橘以果形整齐、色泽鲜丽、皮薄肉嫩、汁多化渣、风味浓郁等特色，先后20多次荣获省部级优质奖。1999年11月23日，《人民日报》以《临海柑橘为何走俏》为题，对涌泉柑橘进行了报道，国内多家媒体跟踪报道，一时"临海一奇，吃橘带皮"盛传海内外。

涌泉柑橘引起了国家领导人和相关科研机构的高度重视,时任全国人大常委会副委员长何鲁丽、乌云其木格、全国政协副主席周铁农、中国工程院副院长邓秀新,中国农科院柑橘研究所沈兆敏、周常勇、陈善春等三任所长都先后到涌泉考察。日本、西班牙等多国的柑橘研究专家也分别到涌泉交流。涌泉柑橘品牌在国外打响,柑橘销售网络已覆盖俄罗斯、加拿大等国家。

2002年10月29日,首届"中国无核蜜橘节"在临海涌泉延恩寺举行。2002年10月18日,涌泉镇柑橘产业合作社成立,2007年中国无核蜜橘网正式开通。从籍籍无名,到走向辉煌,涌泉人勇立时代潮头,以锲而不舍的精神、创新的勇气和辛勤的付出,使涌泉成了著名的"橘乡",将涌泉柑橘的品牌载入了史册。

涌泉优质柑橘主产区大多为山地橘园,土壤以弱酸性的红黄壤为主,有机质含量高,磷含量丰富,为增糖化渣提供了物质基础。优越的地理位置加上适宜的气候环境,让涌泉蜜橘生产的优质果品具备了可溶性固形物(糖度)12以上,固酸比在20～25之间的特质。

为实现柑橘种植从数量型向质量型转变,涌泉以"创名牌、树特色"为中心,建立了以"忘不了"柑橘标准化基地为代表的国家"863"柑橘信息化示范基地、全国农业标准化示

● 山路弯弯(杨 勇 摄)

范基地和浙江省果蔬采摘旅游基地。

2013年，大批涌泉人入驻淘宝；2014年，天猫店出现首家由涌泉人专售的涌泉蜜橘；2015年7月，在涌泉镇政府推动下，涌泉55家已经开通网络销售蜜橘合作社和农户，成立了临海市首家镇级电商协会，2019年涌泉获评淘宝镇。发展到今天，涌泉电商协会现有会员130余家，柑橘电商年均销售额已超过1个亿，发展带动农村电商从业人员5000余人，涌泉镇农民乘着互联网的东风，实现了跨越式的腾飞，为实现共同富裕打下了良好的基础。涌泉人也开展了线下服务，由协创中心牵头，通过农资超市+合作社+农民三级体系，统一生产流程，统一产品标准，统一施肥用药，并开展田头讲堂、测土配方。同时帮助会员做好品牌营销，实现产销对接、农超对接、农企对接，从而提高知名度，拓宽销售渠道。

2015年，由临海市人民政府与中国农科院柑橘研究所、浙江省柑橘研究所三方合作成立的柑橘产业技术协同创新中心落户涌泉。2016年，涌泉正式成立农合联，搭建了庄稼医院、检测中心、协同创新中心等合作服务特色平台，为

柑橘示范园

农合联会员提供柑橘生产技术和果园管理培训、咨询与服务。目前,涌泉正大力创建省级现代农业园区,其中临海市柑橘采后处理中心已建设完成,2022年柑橘产季将全面启动应用。

涌泉始终以品牌化经营理念紧跟市场,涌现出了"岩鱼头""忘不了""了不得"等一批知名品牌,形成以"临海蜜橘"区域品牌为核心的优质柑橘品牌群体。目前镇内拥有1个中国驰名商标、8个浙江省名牌产品、10个浙江省著名商标、1家浙江省农业龙头企业、8家台州市级以上农业龙头企业。2020年,涌泉被评为台州市唯一的地理标志商标保护示范乡镇。2021年,全国地方商标受理窗口工作会议在台州召开,涌泉镇作为参观点之一接受考察调研,并得到国家知识产权局领导的充分肯定。

涌泉镇作为临海柑橘主产区,柑橘种植面积达6万余亩,年产量8万吨,年产值5亿元,柑橘种植户人均年收入近10万元。全镇现拥有数百家合作社,生产组织化程度高达90%,全镇直接和间接从业柑橘人员达2万余人。

● 橘子洲头(蔡文斌 摄)

◎ 柑橘品牌的形成

涌泉岩鱼头橘场是外岙片区柑橘品种改造的核心区域。早在1995年，岩鱼头橘场就开始注册了属于自己的"岩鱼头"商标。

到1999年，涌泉柑橘各大橘场相继延伸了近十种品牌，如沙塔、三条岭、忘不了、山路弯、倒山头、南屏等。与此同时，市农业局也牵头打造了"圆梦"柑橘品牌。

考虑到品牌较多、生产经营较为混乱不利于整个产业的发展，到2000年，受临海市人民政府授权，市特产技术推广总站专门向国家工商总局申请了地理标志证明商标"临海蜜橘"，2002年3月28日，该商标正式获批注册。

在这之前，涌泉粮管所也曾出面注册过一个名为"涌泉"的商标，经涌泉镇人民政府协调，该商标转由涌泉农贸公司经营，而该公司属于涌泉林特站所有。该公司在宣传推广涌泉柑橘蜜橘上做了大量工作，也取得了明显成效。

早在2000年，浙江省在上海举办了一次农产品展销会。涌泉林特站把岩鱼头的蜜橘带过去展销。为了打响品牌，当时，想了一句口号，叫"临海一奇，吃橘带皮"。

时任省人民政府省长柴松岳听到这个消息后，一进展销现场就四处打听"带皮吃的柑橘"到底摆放在什么位置，对岩鱼头柑橘给予了极大的关怀和支持。随后，市委报道组还将这次参展的盛况写成了宣传文章，标题就叫"临海柑橘，天下第一贵！"

2001年11月份，农业部又在北京农展馆举办了一次中国农产品展销会。临海特产站带上5吨临海蜜橘参加了本次展销活动。

第一天，临海展位无人问津，主要是因为价格太贵，加上市场并不太了解临海的橘子。其时,金国强站长便站在展销现场的过道上,为经过站位的每一个人都送一个橘子吃。

第二天,有回头客想购买临海的橘子,对临海蜜橘3.5元一斤的价格也并不在意。可是,出于策略上的考虑,金国强站长仍然只送不卖,硬是把想吃临海蜜橘的客商胃口吊得老高。

第三天,他们仍然采取只送不卖的展销策略。也有实在想买的人,他们想方设法,软磨硬泡,似乎不达目的誓不罢休。这时,金国强也只好限人限量,让他们深深体会到想吃上临海蜜橘并不是一件容易的事情。

果然,两个多月后的春节期间,大量外地客商慕名来到临海,四处打探临海蜜橘的卖场。也正是从那时起,临海蜜橘终于在国内市场打出了自己的品牌声誉。随后,省农业厅每年都会在杭州、上海、北京等地举办农产品博览会,而临海涌泉的蜜橘也都会在展销会上大放异彩,深受客商的青睐。

◎ **涌泉蜜橘的故事**

浙江省农业厅"浙江之最"组委会曾经在全省举办过四届柑橘糖度大赛活动,将全省各产地生产的柑橘集中在一起,现场测试柑橘糖度,最后胜出的柑橘便是擂主。在下届柑橘糖度大赛上将作为守擂方,最后出场,与前面胜出的单位争夺新的擂主。

首届柑橘糖度大赛在杭州举办,这一届,衢州的柑橘夺得了第一名,成为首届擂主。临海蜜橘并未参加此次活动。

第二届,于黄岩举办。衢州的柑橘作为擂主将最后出场,跟前的优胜单位争取新的擂主资格。这一届,涌泉蜜橘参加了比拼,在连续的淘汰赛中,涌泉蜜橘一路过关斩将,最后以糖度15的优异成绩夺得了第一名在这次巅峰对决中,涌泉蜜橘不负众望,击败了衢州柑橘,成为新一届擂主。

第三届,于2011年12月20日在衢州举办。当时,衢州柑橘也是一路过关斩将。最后一关与涌泉蜜橘的比拼中,衢州柑橘还是败下阵来,涌泉蜜橘以糖度18.9的好成绩再次巩固了全省柑橘的霸主地位。

第四届,在杭州举办,涌泉蜜橘当仁不让,以连续两届擂主的身份参加了比拼。当时,宁海参赛的品种是"由良",该品种糖度高,酸度也高,酸甜适中,糖度达到17左右。宁海的品种是临海的竞争强手。可是,在最后的攻擂环节,还是败给了涌泉蜜橘。

当时,市林特局的一位站长就在现场拍照,见证了涌泉蜜橘在全省众多柑橘品牌中常胜不衰的发展历程。

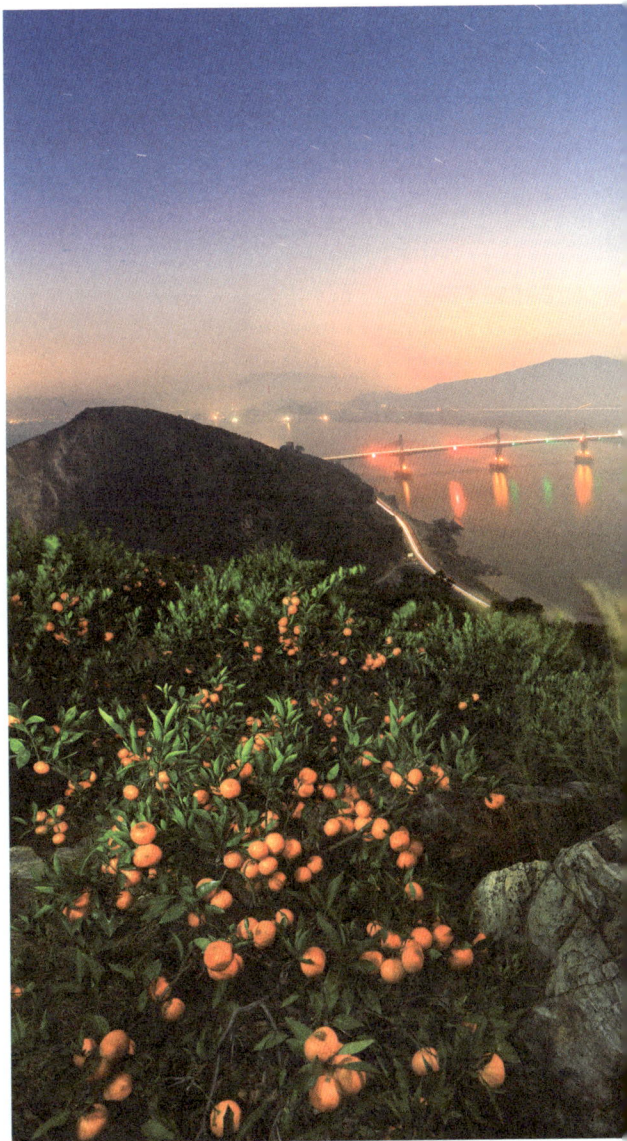

● 橘乡向晚

133

◎ 涌泉蜜橘品种及生长期简介

涌泉蜜橘的品种较多,几乎覆盖了从9月中旬至次年1月份长达数月的市场供应期。

大分,成熟期在9月中旬至10月初,种植3000亩左右。

• 大 分

由良,成熟期在10月上旬至11月上旬,种植2000余亩。

• 由 良

宫川，种植面积最大，全市约12万亩，涌泉也在5万亩以上。该品种成熟期在10月中旬，可延续至12月上旬。如果利用大棚种植，采摘期则可延续至春节期间。

● 宫　川

尾张，成熟期在11月份，该品种的果实更多用于加工、贩销及出口。

● 尾　张

日南,9月下旬至10月初成熟。

● 日　南

上野,10月上中旬成熟。

红美人,成熟期在11月中下旬至次年1月份。该品种外观很美,肉质无渣,口感极好。但是,皮质较厚,难以剥离,且需要大棚种植,生产成本较高。

● 红美人

此外,涌泉还有一株橘树种植于1943年,被人们称为"古橘王"。从品种上讲,它叫"山田",也属于中晚熟型的品种。

岩鱼头橘场

岩鱼头橘场创建于1965年,位于岩鱼头山坡,系泾东村的集体橘场。为临海市农业龙头企业,拥有固定资产(包括林木资产)800多万元;场内各项基础设施齐全,实力雄厚,已形成规模化、集约化、标准化和品牌化经营的现代柑橘生产企业。

该场1995年12月在临海率先注册了第一个柑橘商标。得天独厚的自然环境,加上利用科学技术栽培管理,使"岩鱼头"蜜橘外观橙红、皮薄、汁多、高糖化渣,风味独特,在省内外享有较高的声誉。"岩鱼头"商标2000年(2003年11月延续)被台州市工商局认定为"台州市著名商标",2004年(2006年延续)被认定为"台州市知名商品";"岩鱼头"蜜橘2003年被临海市人民政府授予临海无核蜜橘"十大精品";2004年荣获中国(温州)特色农业博览会金奖和浙江省"十大名牌"柑橘,同时,代表"临海蜜橘"(送样13次)参加历届省级以上评优、评奖,屡屡夺冠;2005年被中国绿色食品发展中心审核认定为"绿色食品"。

橘场坚持以质量求生存,以品牌促发展,生产的"岩鱼头"牌蜜橘享有"临海一奇,吃橘带皮"和"全国第一贵"之美誉,产品受到消费者的青睐。尤其是橘果的品质和高效益轰动国内柑橘界,为促进临海蜜橘全面发展和全省柑橘产业提升起到了龙头带动作用。2003—2005年,临海市政府举办临海江南长城节暨涌泉中国无核蜜橘节期间,成功举办了"岩鱼头杯"吃橘大奖赛。"岩鱼

浙江省精品柑橘示范园(岩鱼头)

头"牌蜜橘是全国品质最优,售价最高的无核蜜橘,2003年平均每公斤售价达到了50元。

2006年,岩鱼头橘场被浙江省农业厅列入全省首个"浙江省柑橘精品示范基地"建设,聘请专家为常年技术顾问,为使"岩鱼头"蜜橘走出国门,享誉世界。2008年,岩鱼头橘场获浙江省"新农村种植业品牌创新先锋"。

关于岩鱼头蜜橘,还有一个优美的民间传说。

天庭为了每年给王母娘娘做寿,都要取天上果园的蟠桃祝寿,那就是一年一度的蟠桃大会。可又有谁听说过为玉皇大帝庆寿的事呢?其实,玉皇大帝每年也要做寿的,不过,玉皇大帝做寿的水果是橘子。可天庭上没有橘园,寿筵上的橘子都是来自人间的上好品种。虽然凡间最上品的橘子都寻来了,但玉皇大帝总觉得不甚理想,有的样子好看但是味道一般,有的虽甜但不够香,有的香味虽好但又不够甜。于是,有一次,玉皇大帝就把寻找极品蜜橘的任务交给了南海观音菩萨。南海观音菩萨自己也喜欢吃橘子,早就留神这事。她发现在涌泉岩鱼头这地方,有个种橘子的小伙子,很会动脑筋,在橘园一年忙到头,搞嫁接,育品种,辛勤培育,悉心管理。观音菩萨多次吃过他培育出来的橘子。

观音菩萨接了玉皇大帝圣旨后,首先想到的就是到岩鱼头橘园看看,要助他一臂之力。当她驾祥云来到岩鱼头橘园时,看这小伙子正在为橘树整枝,观音菩萨随手取下宝瓶中的柳枝往橘园一扬,一场蒙蒙的细雨下在了岩鱼头的橘园里。这一年的橘子就长得特别好,一个个橘子匀称、锃亮,特别讨人喜欢。待橘子成熟时,小伙子摘了一个一尝,呀,真是出乎意料,又香又甜,妙不可言,可把他乐坏了。后来,观音菩萨就用这小伙子种的上好橘子为玉皇大帝祝寿。玉皇大帝一尝这橘子,龙心大悦,连声说好,在吃第二个橘子时,竟然连皮也来不及剥就张口咬了一口。奇怪,这橘子怎么连皮也这么香甜,真是天上人间一大稀罕之物,玉皇大帝对观音菩萨大加褒奖之后,就定下岩鱼头橘为他的寿筵贡果。后人说:"岩鱼头有奇橘,玉皇大帝连皮也吃。"

● 岩鱼头橘园

三条岭橘场

　　该场创建于1965年8月,系三村的集体橘场,坐落在83省道旁的三条岭上,南濒灵江,自然条件优越。现拥有固定资产(包括林木资产)280多万元,年产值达300多万元。橘场橘果品质与效益早在20世纪80年代在临海蜜橘中就有一定的知名度。从90年代初期开始,橘场坚持走"以质量求生存,以品牌求发展"的道路,运用现代科学技术管理,注重产品质量,强化品牌建设,推广应用大棚栽培、完熟采收等高品质、高效益安全生产现代栽培新技术,促进了柑橘产量与质量显著提高,品牌效益明显呈现。

　　早在1989年,三条岭柑橘就代表临海蜜橘选样参加全国优质柑橘评比,荣获农业部颁发的"全国优质农产品"称号,至今已代表"临海蜜橘"参加历届省级以上评优、评奖送样达10多次,且屡屡夺冠。2002年注册的"三条岭"商标被台州市工商局认定为"台州市著名商标";2003年"三条岭"蜜橘被临海市人民政府授予临海无核蜜橘"十大精品";2004年荣获浙江省"十大名牌"柑橘;2005年被中国绿色食品发展中心审核认定为"绿色食品"。

三条岭橘场

第三部分

最爱霓裳舞

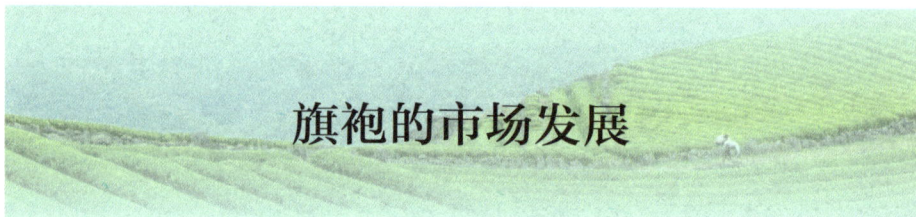

旗袍的市场发展

◎ 涌泉旗袍发展

恰到好处的收身剪裁，
酝酿在岁月里的朦胧轮廓，
一件旗袍，
映衬着芳华绝代的知性和优雅。

那些载于古典韵律和惊艳绝伦之上的想象，
沁润在丝绵里的旧事，
最是浓淡相宜。

旗袍，又称祺袍，中国和海外华人女性的传统服饰，被誉为中国国粹和女性国服。

苏杭是全国旗袍批发和销售源头市场。但大多数国人并不知道，最前端的旗袍供货主源地其实在涌泉。在苏州旗袍批发市场中，涌泉人经营的店铺占到七八成，靠旗袍发家致富乃至成为亿万富翁的涌泉人也不在少数。

涌泉镇自清代开始盛行绣花，新中国成立以来一直是台州地区绣衣加工的重点乡镇。20世纪80年代，大大小小的绣衣厂有10多家，绣衣业成了涌泉镇的主要产业之一。

在涌泉,做绣衣、旗袍的小作坊比比皆是。如果你是去兰田游玩,或是去橘园摘橘子,只要经过镇区都能注意到各类旗袍制衣广告牌,但更多的并不在主街上。

在只能靠做服装穿着的年代,18岁的冯贻凤也跟着石村的一位老裁缝学艺。两年之后,她就对服装有了自己的构思,并决定自立门户做定制服装。

"那时没有牌子,也不讲商标,大家认的是手艺。"凭借精湛的技术,冯贻凤成了涌泉镇上活招牌,也带起了徒弟。远近的大户人家和政府官员想定制衣服,都得预约。

90年代,当镇上的大多数人还在做简单的睡衣服装时,凭着对服装市场天生的敏锐和手艺自信,冯贻凤决定以工艺更复杂的唐装进入市场。进入新世纪之后,冯贻凤的好口碑开始被外地的旗袍客商发现,纷纷委托她为自己的旗袍供货,而会打版制样、独立设计的她也从中嗅到商机,逐步将重心转向旗袍制作,一片新的天地就这样逐渐展开。

为了开拓销售市场,冯贻凤创立了自家的旗袍品牌"绮着",并动员在镇幼儿园工作的女儿一起在杭州四季青市场开设了门店。据她介绍,当时,四季青的其他商家也在她这里加工,实在来不及做时,她就在店里另雇人做,最多时就雇了五六十人。

国内的旗袍市场在2015年下半年再度回暖。此时,旗袍加工已从老式缝纫机升级到电脑缝纫机,制作时间进一步缩短。因注重品质和原创版型款式,"绮着"在市场中脱颖而出,冯贻凤在四季青市场也由当初只有五六平方的小店很快就做到了三家门店,近3000万元的产值。

也许是受到了冯贻凤发家致富的启发,很快,从各行各业转型旗袍产业的从业者越来越多,林顺米就是其中的代表。

2018年,林顺米因种植的猕猴桃树发病血本无归。其时,他的老婆只是在旗袍厂里做一名熨烫工。眼看一个小厂的单天出货量就多达3000多件,处于再创业选择期的林顺米毅然决定投入旗袍行业,去苏州开了间门店,销售自己的"越唐旗袍"。

90后的女儿也加盟了进来。她经常跟林顺米一同去广州布料市场采购,林顺米有多年的布料经验,而女儿更了解年轻人的审美。父女两人将布料材质的特点和古风国潮的流行趋势结合起来,清新灵动的越唐旗袍款式很快就在年轻人中打开了市场。到2020年,林顺米终于扭亏为盈,当年就卖出了10万件旗袍。

涌泉镇的大多数旗袍厂都是通过向周边乡镇或城区小加工作坊转发包方式来运作的。每个厂至少可以对接二三十个小作坊,这也为周边地区带来了不少就业机会,同时,还带动了物流产业发展。

阿勇物流就是这样应运而生的。过去,涌泉的物流业发展不快,通常大家要向外发货,货量少,叫一辆车的成本就很高。而阿勇物流把资源整合起来,他跟路桥的车队合作,把货物整合之后统一配发,生意非常红火。

◎ 涌泉旗袍市场

涌泉呼唤自己的旗袍市场。

作为旗袍款式的前端开发者,涌泉厂家常常陷入"压货"的困境。这是互联网时代信息快速传播给独立设计厂家带来的新的挑战,因为现在的市场太敏感了,一个新的款式上市,一两个月就会有人跟风。

而厂家对款式的把握需要有长时间的市场积累。一个款式走货好,必须提前铺货。如果断货了,等做好再上货,就已经被取代了。如果货出不去,就会长期压货。

行业原有的难题还未解决,新入行的厂家却络绎不绝。现在,涌泉共有60多家旗袍厂家,100多米的滨江苑商业街,就有20多家,其他的散落在镇上各处。

在涌泉旗袍发展初期,镇里的旗袍厂家纷纷选择将门店开到苏州。2018年时,越唐旗袍还只是苏州旗袍市场上的第三十八家。如今,苏州市场已超出百家,涌泉旗袍企业年销售额也接近10亿元。

过去,大家都觉得到苏州、杭州批发为好。现在,也有很多客商慕名来涌泉批发,因为他们知道,大部分旗袍厂家都在涌泉。这个转变还要得力于杭州举办的G20峰会。峰会期间,涌泉的旗袍企业作为中国杭州丝绸城的形象店面,接待了外宾。

目前,涌泉镇党委、政府正在着手规划建立自己的旗袍交易市场,并以此为处于转型升级阶段的旗袍企业提供更为有力的产业支撑。对企业而言,实现产品销售在地化、品牌营销在地化,无疑会让涌泉成为旗袍产业发展的一块沃土。

● 展示旗袍的冯贻凤

旗袍的制作工艺

江南巷陌里,杏花烟雨中,撑着油纸伞的旗袍女子款款而行,这是镌刻在多少人记忆中的中国意象和江南风韵。

旗袍作为中国服饰文化的集大成者,其制作工艺经过上百年的演变,也已成为值得人们探究和玩味的经典。

先来说旗袍的材质,还有什么比那飘逸的真丝、柔润的香云纱、华美的锦缎、舒适的棉麻和高贵的丝绒,更能衬托中国女子身段的婀娜、风姿的曼妙和气韵的优雅? 当然,旗袍的材质还有很多种,但这五种,已经足以演绎出旗袍的万千风华。

传统旗袍的制作工艺主要分为以下几部分:量体、打样、裁剪、刮浆、缝制和

• 打 版

• 包 装

● 裁 剪

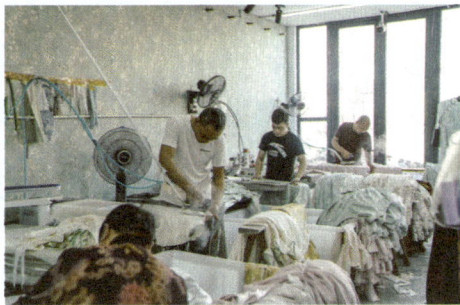

● 熨 烫

绣花等。这看似简单，其实工序繁多、工艺精细，一件旗袍至少需要七到十天的时间才能完成制作。遇到较为复杂的样式，常常要花费半个月以上的时间。

在传统的认知里，量体是必不可少的环节，但在涌泉旗袍行业里，资深的老裁缝一眼看去，就会对顾客的三围了然于胸，他们的眼睛就是尺。一件旗袍的

● 缝盘花扣

● 绣 花(周达贵 摄)

成败,裁剪是基础也是关键,它关系到一件旗袍是否合身、好看。与改良旗袍采用西式裁剪,胸围、腰围通过省道(缝线)收紧不同,传统旗袍采用一片式剪裁,不破坏面料的完整性,只有立领、小衣襟部分是用另一片布拼接的。而这样的剪裁工艺看似简单,实则要经过多年的修炼才可掌控。通过"推""归""拔""烫"的工艺,边推拔边用熨斗平整地将面料定型,不用省道就能让腰线处出现内凹的效果。开襟后,要用传统的抻拔工艺处理衣襟,再重新斜叠布料,画图裁剪。

领子是一件旗袍的灵魂,领子如果太宽、不挺,就会显得没精神,太窄又会勒脖子不舒服,但领子的制作没有统一的模式,完全靠制作者在师傅口传的基础上,一针一线地自己揣摩、领悟。此外,旗袍的花纽、镶边、绣花等环节看似细小,但也直接决定一件旗袍的美观程度。

旗袍之美,凝结的正是工艺之美、匠心之美。这种美,正是旗袍历经岁月而芳华流转的魅力所在。

● 老街旗袍

旗袍的经典图案

　　花纹、图案是中国传统服饰旗袍所包含的重要元素，它们不仅具有极高的审美价值，还蕴含着丰富的文化内涵。"图必有意，意必吉祥"，一袭旗袍，倘若缺了寓意美好的各式花纹、图案的点缀，似乎便少了几分韵味。

　　花卉植物是旗袍上常见的图案，其中又以"花中四君子"梅兰竹菊亮相的频率高。梅花是中国的传统名花，有高洁之寓意。因为梅花由五瓣组成，所以也象征五福捧寿。空谷生幽兰，兰最令人倾倒之处便是"幽"，寓意着高洁典雅的品性。竹，它的"劲节"代表不屈，它的"虚空"代表谦逊，它的"萧疏"代表超群脱俗。因与"祝"谐音，所以竹图案又具有庆贺之意。菊在中国传统文化里有"高士"之风，是坚贞和高洁的象征。菊花又称"长寿花"，是健康长寿的象征。此外，菊与"居"谐音，因此也有安居乐业的寓意。

　　昆虫鸟禽也是旗袍图案里的"常客"。比如鸳鸯，经常出现在中国古代文学作品和神话传说中，寓意夫妻双宿双栖，忠贞不渝，永不分离，一般成对出现，自古以来就被当作爱情的象征。把鸳鸯绣在旗袍上，便寄寓着一份对爱情的美好向往。与之有异曲同工之妙的是蝴蝶图案，梁山伯与祝英台的化蝶故事深入人心，广为流传，蝴蝶被人赋予情比金坚的理想象征。蝴蝶身美、形美、色美、情美，"飞"上旗袍，总能引起人们的注目和欣赏。

　　龙凤作为神话传说中的"祥瑞"的象征，是中国历代各种艺术作品绕不过去的"主角"。以龙凤为图案的旗袍,寓意着龙凤呈祥、吉祥如意。相比于龙凤图案,单单凤凰图案的旗袍更受女性青睐。凤凰为"百鸟之王",是富贵吉祥的象征。古代凤纹为贵族女性专用,后来慢慢演变为婚庆新娘服装的主体图案。

　　历经几十年的演变发展,旗袍的图案逐渐繁多。比如近年来一些设计师尝试在旗袍上"画"水墨画,在"人在走,衣在摇曳"间,呈现生命律动的韵味和无穷的诗意空间,产生新的创意与美感。正是这些创意与美感,让旗袍在传统与现代之间游走自如,在时尚的舞台上长盛不衰、大放异彩。

● 涌泉旗袍

旗袍与现代生活

　　亭亭长玉颈,款款小蛮腰。乍现玲珑态,平添妩媚娇。 旗袍,这种神奇的服装,总是不多一分、不少一寸,淋漓尽致地把女性的曲线美体现出来。不仅如此,旗袍里沉淀的年代气息,就像一场醒不了的旧梦,散发着一种令人心驰神往的恍惚和迷离。旗袍里蕴含的文化内涵,又似一个深情的允诺,允诺着一份永不流逝的婉约和典雅。也许正因如此,她从问世之日开始,便具备了俘虏女人心的超能力,纵使一个世纪的光阴,也掩盖不了她夺目的光华。哪怕在穿搭时尚万紫千红的当今社会,那一袭在静默中独守芳菲的旗袍,依然是很多女子心中的白月光。

　　旗袍文化在现代生活中,虽属小众,但拥趸者甚多。喜欢旗袍的女子,不仅让旗袍走进自己的生活日常,还不遗余力地向世界展示旗袍的魅力,把这一传统服装文化发扬光大。曾经单单临海这座江南小城,有一定

● 涌泉旗袍橱窗

规模的旗袍队就有三四支,参与人员近千人。临海女子深谙旗袍之美,也演绎出它的万种风情。2017年,在中国浙江旗袍名媛大赛的舞台上,18位临海女子惊艳出场,完美诠释了自己对旗袍的理解,以无可争议的实力,拿下了比赛的第一名。而她们比赛那天穿的旗袍,绘着临海的各处美景,极具设计感和独特的地域文化气息,也吸引了更多人关注旗袍文化。

涌泉各旗袍加工点生产的旗袍,主要销往苏杭的旗袍市场和一些商场。但是,临海本地甚至周边城市前去购买或订制旗袍的每年都络绎不绝,冯贻凤等涌泉旗袍生产商已经渐渐转变了经营思路,开始注重设计的创新、面料的迭代升级,且正在摸索旗袍高端订制这条新的发展之路。这也说明,旗袍早已走进现代生活,已经成为一部分群体的"刚需"。

旗袍之于现代生活,其实不仅仅是一种穿搭风格,还是一种生活态度。那是一种对东方之美的倾情诠释与自信演绎,是一种对传统文化的小心呵护和自发传承。任光阴更迭、岁月流转,旗袍必将穿透历史的尘埃,在新的时代里绽放新的风华。

第四部分

天人合一的韵律

山上花开时

兰田山,又称桐峙山、童峙山,主峰山顶山海拔627米,由火山喷发形成,是临海东部最高的山峰。古文献中记载:"峒峙山大田湾者,地居山南之巅,四面环山,附岭巍巍,然如城郭之回旋,中央一片平壤,屋舍相接,其鸡犬相闻,俨若武陵溪上别开一小天地。"山上有兰田、东林、上周、新屋、兰田张等村落。兰田山距海岸直线距离约10公里,天气晴朗时,可以看见一江山岛与大陈岛,远眺东海日出。

酷热炎夏,蜜橘依然掩映在满目苍绿中,尚未登场,但山顶之上,却另有一番好风光。兰田距涌泉镇区仅18公里,驶过蜿蜒曲折的山间公路,暑气渐退,峭壁、瀑布、山坑小溪以及蓝天白云,交替着出现在眼前,美不胜收,正是夏日游玩的好去处。

兰田,似一壶清茗,值得用时间去细细品味。

兰田景

◎ 山　路

喜欢这样的季节,将热未热,却有着季节中少有的温煦和寂静。枝叶繁茂,花枝招展,无论走在哪一条道上,都是一道靓丽的风景线。兰田地处涌泉镇的北边,是一个海拔 680 米的高山乡镇,山上有原生态的植被、长年不断的流水、石头老屋、飞瀑和深潭,奇、幽、险、峻而闻名,被人们称为"台州的香格里拉""台州城市的后花园"。

● 山路弯弯上兰田

去兰田的山路有着一道一道的弯,有些弯近乎 180 度,似玉带环绕,层层叠起。想起一首歌《山路十八弯》,而此刻兰田山的路,又何止十八弯?数也数不过来。路不宽,一圈一圈,弯弯紧连,层层盘旋,好在上山的车子并不多,也不急于马上到达。一路上,将目光从车窗里投放出来,缠住了一方茶林,一垄一垄的茶林,绿得沁人心脾。一会儿,又被某棵树上繁星般的红果儿所吸引。两旁的灌木枝枝蔓蔓,一些叶子垂挂着,像一只折翅的鸟。山风吹起,簌簌响着,有的飘飘荡荡地坠落下来。

山高水阔路遥遥,掌纹一样的山路伸向纵深处,车子在山的边缘线上走着,不时闪过茶园、石屋、草坪,它们在这片广袤的土地上波澜不惊地站着。远处的天际,时不时在山间闪现、隐没。就这样无拘无束地向前开着,车如小舟,在波峰浪谷间游弋,梯田般的茶园飘忽移过,这几乎是一种绝妙的享受。开了大约半小时的车程,才看到一个隐在山中的村庄。白墙黑瓦,苍茫古意。远远近近有各种鸟鸣的声音,一靠近便呼啦着飞向天空。

　　一条长满花草的小径夹在屋与屋的间隙,几只小羊在低头觅草。隐在山里是一种远遁,是一种恍若世外,是一种离开和身心的安静。这样的山谷,无须说什么,只是站着,看着,就身心俱融,物我两忘。

兰田初夏(李　红　摄)

兰田山路

山　顶　观　荷

　　清晨驱车上山,山间村落如世外桃源,静谧之中自带蓬勃的生气。村人三两坐着闲话家常,鸡叫与蝉鸣回荡出一派空旷之境。

　　停车绕至上周村文化礼堂一旁,短短的小路之后,视线骤然开朗,扑面而来是满池的荷花。见惯了烟雨江南里的亭亭出水的娇荷,盛放在山顶的大片荷花倒颇有几分自在的野性,叫人直观想起"出淤泥而不染,濯清涟而不妖,中通外直,不蔓不枝"之类的句子。

● 村落古道

　　步入藕花深处,不自觉便慢了下来。清风拂起层层绿波,点缀其中的粉白花朵也微微荡漾,带出一阵清香。倾身细望,碧绿的叶片上翻滚几滴晶莹的水珠,荷花或含苞待放,或争妍斗艳,姿态万千。走上池心的亭子,又有另一番景象,满池景色尽收眼底,少了尘世喧嚣,却多了份天地相融的纯洁与朴素,真是"接天莲叶无穷碧,映日荷花别样红"。

162

◎ 草　甸

茵茵绿草如毯般铺满山头,深邃,壮阔,辽远,磅礴。

当你的眼眸投向这一片草甸时,无须用众多的语言去介绍,阳光下闪耀着的那一片绿,就足以让你震撼,突然想起一句话,绿是大自然的底色,绿是大地的妆容。只有这清澈的绿,才能配得上兰田的草甸。这里的每一寸光影,每一片交织的色彩,都会让你的眼睛湿润。

站在这一片草甸里,想象着身在草原的样子。风鼓起衣袖,抬头是一袭冰蓝的天空,蓝天下放牧着几头黄牛,低头啃着草甸上的草。一些艳丽的花草悄然盛开,忍不住凑近闻一朵花,和花草交流是最放松的时候。开阔的风景,绮丽的山水画卷,阳光遍晒各处,远方和眼前,壮阔和日常,就是生命最本真的一

部分。呼吸着山上的空气,内心有微妙的治愈。那些干枯的意念,慢慢地复
活了。

　　走在草甸上,灵魂都是清新的,露珠挂在草尖上,晶莹剔透,就这样走着走
着,不说话,亦十分美好。

◎ 兰田张村

　　去兰田山上,就会路过兰田张村,兰田张村因全村姓张而得名。
　　来到兰田张,你会发现,左边是茶园,右边是老房,有几间老屋多处破

损、塌陷,屋脊上的瓦片重重叠叠,古老的沧桑不动声色地呈现在岁月里。高山上,云朵般的茶树笼罩着这个村落,村子一片寂静,山风一过,树叶簌簌响起。

深处,一树梨花就这样寂寂地站着,白色的花儿,飞雪般地绽放着。轻轻摇一下树枝,花瓣纷纷落下,一片一片,雪花一样。幽微的光线里,落在瓦脊上的梨花,四散开来,尽显幽清之味。这种轻轻簌簌之音,不仔细是听不到声响,却能感受到飘落的唯美。

村子旧了,房子破了,人老了。村庄深处,看到的大多是老人。他们默默地坐着,不言不语。石墙、木门、柴垛,石砌的小路,这里远离喧嚣,远离光鲜,唯

● 兰田古村(曲　崎　摄)

有寂寂的日月。他们坐着,坐在时间的静幽里,脸上挂满风霜。

一把小竹椅,背后是一墙劈好的柴垛,一位老人就那样坐着,一身灰褐色的棉衣,头发灰白,却整齐地在脑后打了一个髻。前面的小桌上放着一些散开的木珠子,她动作有些迟缓,一手捏着一颗珠子,一手拿着一根细麻线,不时用嘴润一下线头,然后一颗一颗地用线把珠子拼凑起来。觉出旁边有人,于是抬头,看到了我们,皱纹里溢着笑。

在村屋里转着转着,遇到一群年轻人,手里各自拿着一瓶矿泉水。看我们过来,问:有零钱吗?我摇头,一位老人乐呵呵地说着:没事,没有就算了。原来,他们买水时,老伯的小店没有微信支付,年轻人身上没带现金,只有微信支付,所以买了矿泉水,却无法支付。我已走远,听到老人的声音:没关系,不就是几瓶矿泉水吗?你们这么远来到山里,喝几瓶水应该的。村庄有村庄的表情,村庄的人有村庄人素朴的情怀。

蜿蜒的山路,微微有点坡度,路其实是与屋子相缠在一起的,村口的一间屋子里飘出豆腐的鲜甜味。那种气息在四处弥漫,不一会儿把周围的空气浸透了。空气是个好东西,各种声音和气味都可以在里面穿行,我也在空气里自在地游动着。透过空气,看见那个腰系蓝色土布围裙的女子,站在一个土灶旁,将一个木质的勺子伸进铁锅里不停地翻动。随着她手臂的晃动,刹那间,豆腐的香气瞬间飘满一个屋子,也香透一个村庄。那种烟火缭绕的温暖与家常烟火气息,不是一两句话就能说清楚的,唯有在这样的场景里深深地醉着,才不辜负这四散的清香。

● 东林水库

◎ 东林水库

记得有一首歌的歌词是这样写的:高山上的湖水,是躺在地球表面上的一滴眼泪,那么,我枕畔的眼泪,就是挂在你心尖的一面湖水。此时,在这一片安静的草甸上,东林水库就像是一块宝石,安放在兰田之巅。

水库的四周是草甸,湖水就这样静静地泊在那里。僻静、自然、远离尘世和喧哗。喜欢一切安静的事物,在这一片脉脉湖水间,只要抬头看看这蔚蓝的天、清澈的水,还有那一丛丛丰腴肥美的水草,就会被这高山上的一湾碧水所感动。一种说不出来的治愈感在心中蔓延,那是自然山水所赋予的,无须你去拒绝,早已让你融化。

这里没有人,只有不远处低头吃草的羊,背后是一袭蓝天。触及那一湖清澈的水,心中依旧有一种浓稠得无法化开的柔情。那是一种

• 早安兰田

怎样的色泽哦,直教人心跳不已。没有波动,没有涟漪,一汪清得撩人的水,就这样静卧在这山的怀抱里。天地湖水之间,宁静得如同缥缈的仙境,这一湖水,就这样清洌洌、脆生生地嵌在这一片草甸中。

水库里没有泛舟的人,偶尔有水鸟拍翅掠过,让人有一种想呼喊的冲动,又怕惊醒这一湖的宁静,扯一把水草在手中,淡淡的草汁在空气中流动,把草团成一团扔进这清凉的湖水中,砸出的水波一圈一圈地漾开。真想席地而躺,让这一片湖、这一片草甸、这一片蓝天,就这样温柔地横亘在我的视野里。如果此刻想让眼泪在脸上温暖蔓延的话,这是一个最合适的地方。

邂逅兰田山上的这片湖水,心里充满了温柔和宁静。谁都会想,如果有一天,烦躁了、疲倦了,就到这样的山上小住几天。这里青山绿水,白云轻飘,这里水草丰美,水波温柔,这里是红尘外的仙境,当陌上花开时,就该缓步慢走,放歌山水,把心安放在这遗世而美好的山里。

● 天空之镜(孙 浩 摄)

172

兰 田 品 茶

高山之上的兰田,生长着一种省内少见的高山茶树——兰田藤茶。一个藤字让人想到了藤条的纤细和温软。

据1991年出版的《临海林业特产志》记载,藤茶是"140年前从野生茶中选出的单株",这种茶树叶片狭长似柳叶,枝条柔软如藤,茶农们将藤茶从密林草丛中挖出来,进行人工栽植,并逐渐成了兰田的特产,临海创制的金翠奇兰名茶,就是采用藤茶原料加工而成的。

上周村一直是兰田藤茶的主产地,一大片如火如荼的高山茶园,占地500多亩,茶田沿山势起伏。在周小雨的厂房里,除了现代制茶所用的机器,还能见到茶农采茶的竹篓,以及炒茶用的老炉灶。"日里摘茶叶,夜里揉茶痏,一揉揉到两更天,眼眉毛上打死结",旧时制茶的艰辛,依稀可见。

兰田藤茶虽名气不算很大,

● 采茶归来(张文熙 摄)

● 兰田采茶

但也凭借其物美价廉的特点,收获了不少忠实顾客。奔波疲惫之时,泡上一壶茶,停步驻足,慢慢品尝,不失为生活里的一种享受。

抬头看一眼满山坡层层叠叠的清绿茶园,再低头轻撮一口手中清香凛冽的茶,任谁都会生出一种情意来。玻璃杯轻薄透明,泡好的藤茶明亮清澈。捧着这杯茶如同捧着一幅爽心悦目的图画,簇簇藤茶吸阳光雨露之精华,然后慢慢地让其渗入脉络里,自有一份透彻的清香。

清晨的光线柔和、清亮,茶园里安静如水,时光在这里真的变得缓慢起来,整个茶园呈现出一种宁静的光泽,抬头看天,天是蓝的,低头便触到的是那一片绿,蓝和绿此刻交织着,让人觉得莫名地欢喜着。

高 山 露 营

兰田山中间地势稍低,村落多聚于此,南北各有高峰,因此远远望去,形似一艘大船。

从上周村继续向前行进,就能到达北峰山顶山。山顶周围遍布着大片高山茶园,穿过青翠茶园,再往里走,葫芦岙水库似山顶湖泊,清冽可鉴,颇为壮观。这里的水,不仅成湖,还能在山涧成瀑、成潭:大脚潭、龙王潭、碧螺潭、四方潭……兰田共有十八潭风光,潭与潭之间以溪相连,四周山势险峻,树木苍翠,风景优美,潭中瀑布落差有 100 多米,气势磅礴。

南面的山峰名叫大坪头,峰顶有着天然大草坪,面积约 15000 平方米,没有一棵树,也没有乔木和灌木,是露营野炊的绝佳场所。

在平坦开阔的草地上,撑开帐篷或天幕,摆上椅子和野餐垫,约上三两好友,便能悠然度过漫漫白日。碧山与蓝天做伴,清风随美酒入喉,闲谈、野餐或放空,都不失为一种选择。

● 兰田高山

兰田星空夜(钟志琴 摄)

夜 观 星 海

　　每个人都有自己的星空梦。星空这两个字自带浪漫和诗意。它能牵起你的思绪让你想起一连串的词,比如:浩瀚、闪烁、静谧、深邃。当然还有一种情景,就是在夜空下和喜欢的人一起看星星。有人说:枕着星空酣睡,灵魂湿润,自带光芒。

　　兰田的夜,高远,幽深。把自己融入黑暗中,世界一片安静。不远处的一块空地上,几棵黑黢黢的老树清冷地站着,枝枝丫丫把天空隔成了碎块。伫立在空旷的夜里,凝神,仰望。觉得自己像野外的一棵草、一块石。裸露在星空下,与自然融为一体,夜风如水,里里外外洗涤着我。一些属于夜晚的事物浮现出来,夜色深了又深,星星白丁香一样开满了夜空。红尘中的纷纷扰扰,在这样的夜里,解甲卸胄散落一地,我听到了自己心跳,眼眸如溪水一样清亮着,这样的夜晚,适合回味和怀想。是的,是怀想。

　　有星星的夜晚,天空像一块发光的布幕。把自己安放在山上的某个空地,铺上一块露营的方布,席地而躺。有流星划过,一颗、两颗……人在这个时候,满是孩童的心理,一边欣喜地看着星空,一边忍不住拿起手机拍个不停。放下手机的某个瞬间,脑子里出现一张画,是幾米的漫画。是一个少年躺在一块空地上,枕着双手仰望星空。忽然有种伤感,星空那么遥远,岁月早已远去,我不再是画中的那个少年,有些故事升升沉沉,如黑色绸缎,凌乱起伏。

● 兰田星空(孙　浩　摄)

　　晚风、月光、星空、帐篷，还有低低的虫鸣声。这个夜晚，在兰田山上，一种月色在身体里升起，我把自己交出，与村庄一起，与星空一起，与晚风一起，与草木一起。人在很多时候并非一定要得到什么，只是在寻找一种感觉，一种很微妙的心境罢了。

　　抬头，仰望。以原始的方式拍打出如歌的节奏。

● 星野灿烂（刘燕平 摄）

延恩寺

坐在延恩寺的游廊石凳上，光影一点一点地从寺院的檐角上移动，那一束光无声无息地从云层里透出，缓缓地照过来，落在我的手上。先是一个点，慢慢地涂满我的整个手掌。我试图握住这束光，却发现这光随着院内的树枝摇晃，竟无声无息地斑驳起来。点点光影，随形随影，任我怎么握也无法握住。这一刻，时间被悬置起来，我独坐其中，像院中的一棵树，一片叶，隐在其中，安心地看流云，听山风。从未如此固执如此安静，风从远处吹来，一浪一浪，整个身体浸透着一种舒缓和清新。从头到脚，从里到外，在这样的风中，渐渐地清朗明净起来。

延恩讲寺

一座寺院总有一座寺院的历史。延恩寺始建于西晋太康年间，又名涌泉寺，坐落在三面青山环抱的山坳之中。古朴的黄色院落，静静地隐藏在万亩橘林深处。寺前有参天古柏夹道，雄壮挺拔。寺后有峰峦绵延，翠竹摇曳。开门即是乡野橘林，闭门即是一方禅院。清人有诗云："散怀清泾上，循涧向前湾。古寺深林里，钟声落照间。"延恩寺是临海最古老的寺院，1740多年前，它

● 延恩寺屋檐
（吴哲东 摄）

因一个叫任九妹的女子而产生，后有净土宗高僧怀玉从弥陀寺专程来此修行，前后长达40年，从此，香火日隆，声名渐起。《高僧传》里有一段我们看起来有点"玄乎"的故事，给延恩寺平添了一丝神秘。传说，怀玉佛化前忽闻空中有声云："你头上已经有光晕了，请结跏趺坐结阿弥佛印。"一时佛光满空，等再次光显现时，香气满空，只见阿弥陀佛、观世音菩萨、大势至菩萨身紫金色，共持金刚台来迎，怀玉遂含笑而终。

传说归传说，千年的古寺总有幽深之处。几经风雨，寺院里各色殿堂依稀流淌着岁月的旧时光。斑驳的院墙，落漆的门厅，清越的钟声，让古寺充满了沧桑。院内有多株古树，银杏、梧桐、桂花等，枝繁叶茂，根须与泥土相握，枝叶渗入了千年的经文，形状如禅。寺院在古树的衬托下，越发清幽。它们固守一

隅,清心寡欲,这是佛意的彰显,也是禅意的展示。明亮的光,黄色的墙,极其明净和安详。檐角上的铜铃偶尔发几声穿越时空的轻响,这所有的一切,都有着寺院幽静苍远的意态,我虽没有一颗出世的心,但面对这一份宁静,还真愿意自己是佛前的一朵莲花。

正午的阳光照过来,亮晃晃的。黄灿灿的院墙把整座寺院和乡野隔断开来,车辆、人流、物体的声音,都被扔在了墙外。院内殿堂精舍,梵音缭绕,黄瓦红柱,回廊幽曲,屋檐飞斜、塔影层层。院外橘林、果蔬、花草、微风、河流、村庄,延恩寺在碧树修篁中,古老繁复。置身其中,有一种肃穆感,人的内心和灵

● 僧侣诵经

魂都特别安静。不敢高声说话、大步走路，唯恐给这圣境沾染了凡尘。这几年因为疫情的缘故，寺里香客不多，院里一片寂静。这样的寂静更能让人静下心来。殿堂内佛像慈眉善目，形态各异，或拈花微笑或轻甩拂尘或一脸洁净端坐在莲花座上，对于每一位来叩拜的香客，它们都报以同样微笑。我知道在佛的眼里，我们只不过是俗世里的一粒微尘，它们布施的笑容都是毫不吝啬的。在这禅音缭绕中，始终有那么一束光引导着我们这些凡世的俗人，合起双手，跪在佛前许下心中的意念。

一阵展翅的声音引起了我的关注，我看到了一群飞鸟，叽叽喳喳地在飞旋着。庭院、走廊、屋檐、空中它，全是它们的身影。我从没看到有如此多的鸟儿，也从没听到如此气势宏大的鸟鸣声。鸟儿们模样俊俏，玲珑娇少，敏捷地在草木间，屋脊上，枝条上跃动。莫非这些鸟儿在佛法的润泽下，早已充满了灵性，连殿堂里的一草一木、一花一鸟，都成了一颗欢喜的心。怪不得在这里修行的僧人们，脚步轻轻，衣袂飘飘。他们目光空灵，仪态从容，他们穿着的明黄僧衣，或在寺院里的长廊里悠然走过，或拿一把扫帚，不紧不慢地在树下收拾落叶。他们屈膝打坐，诵佛念经；他们煮水烹茶，洒扫静修，以寡淡和清幽度时光，以淡然和寂静远离红尘。

流连于寺内的那份安然，忘了时间。不知不觉中，黄昏如约而来，寺院的天空呈蓝白色，在两种颜色间匿藏着一簇好看的红云。站在那条微凉的石砌路上,痴痴地看着天空,那一抹红云突然变成一道光影,像是突然之间倾泻下来,先是一束,慢慢地,整个寺院环在一片吉祥的光影里。远处传来悠扬的钟声,声音有一种与喧嚣市声不同的空寂和清凉,有风吹落花瓣,一片一片飘散开来。

出寺门,内心一片空灵。觉得自己总为俗事忙忙碌碌,如果能懂得放下和舍弃,是不是变得更加清朗呢？这一刻,意念如光闪过,身心倏忽间幽微而宁静。

● 延恩寺外墙(吴哲东 摄)

风物人相宜

　　涌泉于我熟悉而又陌生,熟悉的是我知道涌泉有蜜橘有旗袍,陌生的是我从未进入涌泉的每一条街巷。每次开车路过,只是远远地看一眼就过去了。涌泉就像是一个隐形人,他始终站在那里,等待每一个路过的人。

　　这个明媚的五月,我来了,站在涌泉的街口,眺望这座叫涌泉的小镇。一个人的清闲,让我多了一份悠然。晴朗的阳光覆在街面上,热闹的街市人来人往、超市、商店、柑橘合作社、旗袍加工厂、汽车、电动车、自行车……挤挤挨挨地流动着。一街的阳光,一街的生机,不可名状却又蓄势待发的气息充斥于角角落落。我脚步轻轻地走过,擦肩而来的那些脸庞,各有各的表情。老远就闻到空气里清幽的香气,沁人心脾。抬头,一簇簇橘花枝头绽放,橘花小巧玲珑,细碎清雅,香气袭人。涌泉盛产蜜橘,此时正是橘花盛开的季节,那种香始终在鼻尖萦绕,掸也掸不开。

　　经过一座石桥,桥不长,大约十几米的样子,桥下有流水,桥边有蔓草,桥的侧面写着几个字,字面模糊,仔细辨认,看到了"双凤桥"。原来这就是清光绪年间建起来的百年老桥,脚跟扣响过石桥桥面,的笃的笃响声清凌凌。每个人的脚步不一样,产生的回声也是不一样的。忍不住伸手去触摸桥身,斑驳的桥体附着青绿的苔痕,洇着水汽的样子,让它发出旧时光浸染后的光泽。泾河的风带点诗性,梦境一样掠过。因江南地气、天象、水流、烟岚的熏染,让这座

● 涌泉一角（吴哲东 摄）

古桥有着永恒的生命力。

　　拐过桥,就看到了涌泉的老街。一个古镇如果有这么一两条老街穿梭着,就有不一样的韵味。老街似乎是古镇的核心,一镇人在老街枝节脉络上,慢悠悠地生活着,那是一种福气。我以游走的方式进入这条老街,老街不长,就这么短短的一段距离,站在街首就可以望到街尾。据资料记载,原先的涌泉老街是呈曲尺形,分上街、下街、横街。老街为明嘉靖间冯晚桂始砌石成街,道光时火毁。此刻,我不知所站的这条街是上街还是下街,却非常喜欢这样陈旧、自然的原味老街。虽然古意的老房已被现代的建筑所淹没,修旧如旧的老房仍然保持六七十年代的自然生态状。没有我想象中的喧嚣,却也盛放着人间的烟火味。石灰剥落的墙角总有一两株花朵在绽放,木房灰暗却透着自由的呼吸。泡沫箱,花盆在角落里摆放着,韭菜、大葱青绿绿的。临街老房静悄悄的,

大部分老房没住人，木窗关着，木门也锁着，偶见一些小院落，墙壁爬满藤蔓，望进去，一眼深深。这样的老房，一旦有了岁月的浸染，就有着旷古的悠远。曾经这里店铺林立，生意兴隆。每逢集市，山上村民下来赶集，摩肩接踵，至20世纪80年代，仍是古镇商贸中心。

往街深处走去，在一间低矮的木房前，坐着七八个老人。他们的年龄估摸着都有七十多了，素朴的衣裤，并排坐在檐下的一条长凳上。脸上长满皱纹，却掩盖不住脸上的笑容，他们开心地说笑着，话语间笑容如菊花般绽放。木屋其实是一间理发店，店主也是七十多岁的老人，他正弯着身子给另一位老人理发。我没见过老人给老人理发，他们俩的年龄加起来有150多岁，却不紧不慢，悠然自得理着发。发黄的墙壁、剥漆的镜面、铁铸的座椅、手动的推子，处处刻着岁月的痕迹。他们守着老街的沧桑，守着的斑驳于石刻与木雕上的岁月，守着穿过屋檐下的历史时光，波澜不惊地生活着。据说这位老人是免费给其他老人理发的，现在时尚理发店很少给老人理发，唯有用他们的老手艺，坚守着一份职业的自豪与尊严。

与繁华的新街相比，老街老了，矮了，陈旧了。但这样的老街，总让人有一种依恋，有一种怀想。岁月远去，老街有它自己的富足和现世的安稳，我不觉得它的衰败，相反，那种古朴并透出生命质地的本色，正是我们内心所渴望的风光和安宁。

● 老街回忆

浙江诗人咏涌泉

童年的橘园

蜜橘种在我的出生之前

陪我一起成长

一起萌芽,一起等待

我的童年就坐在它的身边

挨着稻田,蛙声没日没夜地鸣叫

灰色的夜鸟飞越沟渠的门

一群农民的儿女从月球归来

他们翻土施肥,修枝剪叶

身怀各自的忧虑和希望

他们打磨晶莹的露珠

被风和阳光擦出镜像

我的童年突然消失,稻田也消失

一个个橘园包围起你

直到你摘下橙色的果实为止

● 阳光下的蜜橘

春风浩荡（外一首）

春风浩荡，从太平洋吹来

吹过东海

吹至临海

吹动涌泉镇的十万亩橘园

这芬芳的气流

在无边的春色和暮霭中

在我的梦乡和诗行里

盘桓不息

将小小的橘花，这大地的灯盏

一朵，亿朵

吹燃

橘 花 词

那么细碎的花瓣

犹如下了一场小雪

点缀在青枝绿叶上

弥漫的清香,夜色一般辽阔

在外岙村

置身于馥郁的香氛中

我们坐而论道

饮酒,谈诗,话桑麻

繁星满天

如叮如嘱,如闪烁其词的低语

● 橘花吐蕊

195

三月廿六访临海延恩寺

它幽寂的面容在井水中
呈现
它的苦难也必被泉水
涤尽
真静
大道的两边
布满松柏
更大的风
必将在月色下掏空

……真静！

● 延恩寺（全景）

外岙村的密码(外一首)

外岙村藏有无数个秘密
馥郁的橘香是一个障眼法

一把老犁将封存的岁月打开
有女子独行至此,日诵法华,地涌白莲
迎她去佛国的异香是
来自这橘花吗?

白色如何转化成橘黄
花成了果实
有诸多生命的密码

月光淡去,星空隐现
一对男女在寺外的石碑下哭泣
希希在寻找猎户座的大门
这一切该如何去开启?

在橘花里迷失（外二首）

赶在风里
这一个人，在涌泉镇的外岙村
被一地橘花迷住了心志

春夏交替，这个人适时到来
一个人看花
一个人喝茶
焚香，读书。尽享橘地风月
更多时候
他要去村里村外转上一圈
去寻一棵摄魂的树
在花叶里探头探脑

午后时分，风柔
阳光照下来
橘花绽放，素白的肌肤如水
淡定而清香

橘　颂

他在春风中受孕，一夜
绽放，就生出了一个江南。
开满橘花的江南多情，
迎亲队伍走了三千年，
连泥土也传出爱的冲动。
为留在这里，他用长刺的身体
与人类相爱。无数个长夜
修炼成月亮的模样，
直到呈现一张金黄色的脸后，
就去与一轮秋月相认。
这一刻，他已完成一场
被酷暑煎熬的爱情。
若有一双纤手剥出他的心，
你将会看到一个多汁的江南，
嗫一口，春天的梦语。

橘花(外一首)

要多娴静就多娴静,青瓷白的衣

绿的裙铺天盖地

日头已经烈了,别的好时光都占去

轮到夏至,过谷雨

才迟迟疑疑绽开来

也没有多少日子,沁人的香也就那么多

你闻了,他就没有了

一年一次盛会,唱过一曲便终了

硕大的果实,那是后事

如今是萎谢了

• 芳香橘花

我们都成了芳香的人

去了一趟涌泉镇
回家后,身上有了一股掸不掉的香水味

涌泉镇把彩云、石头、野风、山茶和掌故
装进夕阳的布袋里,浸入涌泉井中
用友谊加热、蒸馏
再用后泾河这支吸管
滴入从延恩寺的钟声里萃取的灵魂的精油
接着加入古洲橘花进行调制
制作出一款香型特殊的"涌泉牌"香水
盛在诗歌容器里

每一位到涌泉镇采风的诗人都获赠一瓶

从涌泉镇回来,我们都成了芳香的人
身上有着和古洲万亩橘园一样馥郁的香气

橘园远眺延恩寺

橘乡涌泉（外一首）

橘花很美

小小的橘花很美

风带起不能再碎的银片

很美

我准备写九十九首情诗

献给它

我将积攒了

一路的奔跑和呐喊

献给它

橘花绽放

涌泉古井

井口上
扁担头磨出的石窝还是那样深
井里的水
早已变得清浅

我只能站在暮春的暖风里
想象你很久以前汩汩而出的样子
一边打量身旁的一朵橘花
如何在众人面前羞白了脸

担水的人早已走远
一拨拨的吃水人不再谈天说地
金黄的蜜橘和乌黑的桑葚年年都在
古寺的钟声和野蜜蜂的亲吻年年都在

一座以井命名的小镇
每当从我口中说出这两个字
我便觉得，一瞬间
那里的山川都落满了甘霖

忘不了那芬芳的橘子

又到金秋橘果飘香的时节,涌泉的山山水水,处处都呈现出"唯有橘园风景异、碧丛丛里万黄金"的壮丽景观。

在我的印象里,涌泉的橘子并不单单只是一个"橘子",它更是一份情怀、一个载体、一把钥匙。凭借这颗小而金黄的橘子,涌泉人拥有了芬芳的家庭生活,组建了和谐的社会组织,也打开了通向美丽世界的大门,正可谓一橘一人生,一橘一家庭,一橘一社会,一橘一世界。

在涌泉,令我感动的人有许多,冯贻法先生是其中的一位,他曾连续多届评选为台州市拔尖人才,也可以说,涌泉的柑橘事业之所以能发展到今天的格局,与他有着千丝万缕的联系。那时节,他时常邀请日本、韩国专家来镇讲课,我会过去;他召开柑橘品牌化建设座谈会,我会过去;省市有关领导来涌泉考察参观,我同样也会过去;当然,他的柑橘开花了,散花时节我会过去;他

• 丰收

蜜橘+山

的柑橘结果了,疏果时节我会过去;他的柑橘上市了,他同样还会邀请我过去。每次品尝到涌泉那甘美的橘子,心里总是美滋滋的。

说起涌泉橘子,还得提及一个人,他是涌泉丰甜水果合作社的理事长冯昌满先生,台州市首届农技标兵,高级农民技师。他曾告诉笔者说,以前种橘子是讲数量,现在要讲品质,橘园的承包款分摊到每一棵树上多达120元左右,必须做到优质优价,才能提高农业效益。为此,他曾多次到现代农民远程教育网上去查寻与柑橘有关的知识,并主动到韩国学习先进技术。如今,他管理的果园全部采取了地膜覆盖、生物防治、大棚栽培、自动滴灌等一系列生产管理新技术,也建成了浙江省柑橘绿色防控示范基地,而他的合作社自创的"丰甜"品牌也成了涌泉蜜橘众多知名品牌之一。日本静冈县柑橘试验场的古桥嘉一博士曾来涌泉考察过,他在考察了涌泉几个柑橘示范园区后赞不绝口,认为这里的"橘园的管理水平已经达到了日本的水平,在世界上也是一流的"。

　　说起涌泉橘子,人们都知道"岩鱼头"极富传奇色彩。其实,最大的传奇还要算那棵位于梅岙村旧址上的"古橘王"。台州日报记者洪卫先生曾有一篇报道,他引用临海地方史专家何达兴先生的考证:早在1943年3月,梅岙村人马贤忠曾从宁波奉化大丽园农场引进过200棵无核蜜橘树苗,植于老家的双墩及西桥头一带,由此也开创了台州种植无核蜜橘的先河。然而,不幸的是,随着岁月的变迁,尤其是在不断遭受台风、洪水等自然灾害侵袭之后,这批橘树目前仅仅只遗存下一棵,而这一棵正是当年马贤忠家的长工孔汉朝因迷恋此品种偷偷留下来植于自家屋后的。时至今日,这棵年逾古稀的"古橘王"依然枝繁叶茂,硕果累累,见证着涌泉无核蜜橘从无到有、从少到多并逐渐发展成"中国无核蜜橘之乡"的发展历程。

　　也许是梅岙村这一方土地本身就富有传奇色彩,它不仅培育了涌泉的"古橘王",也养育了一位在全省享有盛名的传奇人物,他就是浙江省优秀共产党员、浙江省为民好书记、全国劳动模范、梅岙村党支部原书记孔先顺。该村是一个偏僻的山岙村,

● 橘乡夜色(郑高海 摄)

208

也是远近有名的贫困村、破旧村、落后村。1991年,31岁的孔先顺当选村支书后,就一心扑在村级事务上,为上千村民的生计朝思暮想,殚精竭虑,先后提出了整村搬迁、发展农业、引进工业、整治村庄等一系列发展思路。

就这样,他带领村民一个目标一个目标地实现,在短短的10余年时间里,就把一个没有任何发展优势、贫穷落后的村子建设成了人均年收入超万元、集体年固定收入达40多万元的省级全面小康建设示范村。而梅岙村的这一巨大变化,橘子同样也起到了至关重要的作用。据孔先顺介绍,该村搬迁后,便将先前废弃的村庄全部开发成了橘林。其中的滋味,不仅孔先顺清楚,村民明白,山岙里的橘树也一定懂得。

● 橘农丰收

如果说,把青涩留给自己,把甘甜奉献给别人,是对涌泉蜜橘最好的写照,那么,把辛劳留给自己,把甘甜奉献给别人,这更是以孔先顺为代表的涌泉人最为真实的人生写照。如今的涌泉人,随着蜜橘成熟技术的不断推广与普及,对品牌意识与品牌效应也有了更为娴熟的把握,他们更加坚定了一辈子同橘子打交道的勇气和信心。这些年,走出临海到全国各地承包土地种植柑橘的橘农越来越多,靠橘子发家致富的例子更是举不胜举。

在涌泉,橘子是经济的代名词,更是旅游与文化发展的助推器。橘子成熟的季节,每天总能吸引成千上万的游客来这里品橘、观光。每到高峰时刻,必

是摩肩接踵,车流如织。久而久之,这里深藏山坳的延恩寺、偏居山巅的兰田村,也都成了远近闻名的风景区,时常有上海、杭州、福建的"驴友"慕名而来,由此也带动了"农家乐"的迅猛发展,而一年一度的柑橘文化节更是将旅游文化推向了高潮。

老实说,我更喜欢在清明谷雨时节到涌泉玩。这时,正赶上柑橘开花,漫山遍野的橘花白里透黄,清香四溢。漫步在花海丛林,春未去,夏未至,碧草芳香,你会感受到生命是那样地充满生机。不经意间,你还会听到橘林深处传来的悠扬的钟声。循着钟声的方向慢步走过去,便会寻到那座隐藏在橘林深处的千年古刹延恩寺。"径谋百亩从君隐,凭借林泉寄一箪。"从苏轼之侄苏简的这句诗句里,不难读出历史上的涌泉那种人文荟萃、山川毓秀的韵味。

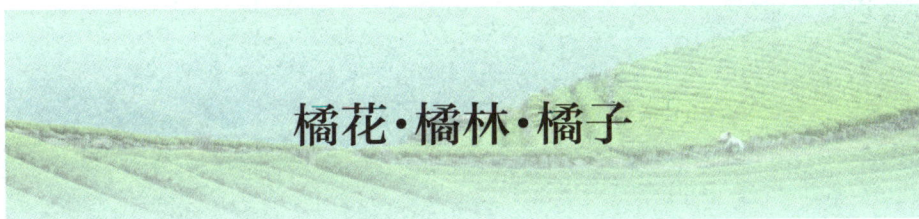

橘花·橘林·橘子

◎ 橘　花

总有一些地方

让我们心有所念

总有一些地方

只要看上一眼

便会过目不忘

总有一些地方

让我们山一程水一程

只为抵达心中的风景

这个春天

春水初暖,春林初盛,

朋友说:来涌泉吧,橘花开了。

遂开车去涌泉。沿83省道,过管岙村,就到了涌泉地界。非常喜欢这条公路,左边江水,右边青山,车子在绵延的公路上急速驶过,风从半开的窗口呼啸而过,村庄、田野、树林,一一掠过。人在这个时刻,心是飞翔的、愉悦的。

　　忽有一阵清冽的香气缓缓飘来，抬头，撞到了路边成片的橘林，如一块绿色的屏障。一株株橘树风情万种站立着。橘树不高，枝条分散着伸向四周，枝条间的空隙有光漏过，光影斑驳，一朵朵小白花星星般眨巴着眼。一簇拥着一簇，一朵挨着一朵。是橘花，橘花开了，瞬间心里一阵惊喜。

　　有诗云："中庭日午橘花开，蜂蝶何知故故来。一阵南薰生殿角，乱飘香雪点苍苔。"

　　把车停在路边，急急下车，这么多的橘花，小小的细碎的橘花，微微鼓荡的花蕾，在绿色的叶片中昂然冒出，白瓷般色泽让人心生欢喜。橘花花型小巧，呈单瓣五角星状，乳白素淡，秀雅可人。有蜜蜂嗡嗡地飞来飞去，穿梭其中，花香盈怀。透过枝头，往远处看，层层绿意，绵延中白花如星般缀在其中，让人的呼吸瞬间变得清甜起来。

　　涌泉盛产蜜橘，大片大片的橘地是涌泉的一道风景。如果说行走在橘地是一种惬意，那么低头温柔地嗅着橘花，便是一种浪漫。把自己沉浸在花海中，馥郁的清香四处萦绕。橘花没有其他花的大气和艳丽，却有它自己独特的秀丽，那些花骨朵儿，玲珑可爱，一个个小白点，悬挂在枝头。当漫山遍野的橘花齐齐绽放时，漫漫香气，无可复制，那绝对是让人怦然心动的时刻。见惯了大红、粉红、橙红的花儿，橘花的素白，夺人眼目。

随着春天的到来，橘花的馨香，一日一日地往上浮动。浮到人的身上，那气息便腻着不肯走。那丝丝缕缕的幽香，用汪曾祺老先生的话，掸都掸不掉。涌泉的橘花有着春天最美的颜值，每一朵都浸润着唐风宋韵。白花瓣，淡黄色的花蕊，像一个素雅的女孩穿着白裙子。从绚烂的花期进入果实的成熟期，需要漫长的日日夜夜。如果说花儿的喧哗是给寂静大地涂抹色彩的话，那么，十月，满山遍野的金黄如同金戈铁马，便是唱给大地一首赞歌。

喜欢春天，喜欢春天花朵。橘花坐在枝头上，小巧而灵动。没有人会拒绝这无邪的花朵，在我的意念里，花草植物的美是只可意会不可言传。就像是初见时的低头羞涩，是淡淡一笑，是回眸轻颦，是心中轻荡的涟漪和幻想。你可以拿食物果腹，唯有花朵是用来溺爱用来欣赏的，就像一首豪放词里的一抹婉约。对待它的是一眼的温柔和怜惜，我始终觉得，只有长在乡野土地上的花朵，才能回归植物最本真的美好。其他花如此，橘花更是如此，当你在田地间被这一片橘花打动时，请别忘了：这是涌泉的橘花。

• 暗香

◎ 橘 林

在乡野,看到最多的便是橘子树。有人说:涌泉有两样东西最多,一是橘林,二是旗袍。我无法把橘林和旗袍归纳在一起,看起来不相近的两样东西,却是涌泉人生活的初心,它们像一曲灵动幻美的叙事诗,也是上苍给予涌泉人民的馈赠。

据史料记载,早在三国时期,涌泉就有栽培柑橘的历史。到唐宋时期,这里就有向朝廷贡献橘子的任务,有诗为证:"一从温台包贡后,罗浮洞庭俱避席。"如今的涌泉,已成为中国名副其实的"无核蜜橘之乡","涌泉一奇,吃橘带皮"就是最好的写照。

春天的涌泉,空气里弥漫着橘子树的清香,那是从田园深处散发出来的,几百亩几千亩的橘林在眼前绵延着,每棵树的枝头泛着葱绿葱绿的色泽,阳光照过来,那绿就显得脉络分明。仔细看橘子树的绿是有层次的,有些绿,深的油亮,有些绿,浅得透明。深深浅浅的绿交织在一起,丰盈得让人恍惚。还有许多幽暗又闪烁的光线,透过枝叶,让无数个光斑和光点落下来,梦境一样华丽。它们静默无言地站着,却又胜过无数的语言。它们身上有着

216

● 橘子成果

● 橘忙

阳光、雨露、雾气、泥土的气息,每一次呼吸,都让人惊讶,我迷恋这种绿意蓬勃的植物。一片绿叶从枝头落下,幽幽坠落的样子,轻微得让人心疼。

三月,雨水充沛。雨,一场接一场地下,橘树散发出来的清香裹挟着雨水,有着湿漉漉的水汽。雨水微微冲淡了它的气息,但只要凑近,那种清气还是藏不住,它在空气中徐徐地飘荡。乡间小路,已被雨水浸泡得足够松软。这样的路,走过无数次。从年少的脚步开始,一直来来回回地走着,用怀旧的心情去触碰这片土地。我似乎闻到了一种青草的气息和花果的清甜,曾经在橘子树下无邪、天真的笑声从时空中隐隐传来,那是一种自在和欢乐的日子。多少年过去,橘树在时光中一年一年长大,我惊喜于它们的成长和生命,一年,二年,

● 橘满枝头

甚至十年,可它们依然年轻。只要到春天,它们依然翠绿满怀,到秋天,便是硕果累累。

一棵树,一棵橘树,身上披的是如火如荼那份绿。一年四季,枝叶不谢,年轮在树上一圈一圈地刻着。当它们成群结队地站在一起,营造出的一种氛围,神性一样迷人。一片叶子,就是一个春天的消息,一枚果子,就是一个秋天的一个承诺。坐在果树边,那种寂静、温煦、厚实的氛围就像一个梦包裹住我。想起保罗·策兰的诗句:"每当我与树木并肩缓缓穿过夏季,听到它最嫩的叶片尖叫。"那强烈到近乎尖锐的内心感受啊! 至今仍无法完全清晰地表达出来。

◎ 橘　子

十月的阳光,洇染着金黄。开车路过涌泉,随时都会看到饱满丰硕的橘子。连空气里都流淌着诱人的甜蜜。橘农们脸上的笑容是真切的、自然的。他们身后的橘园,在一弯一弯的山脊上,像龙一样盘绕着,呈现出壮阔的景象。一串串橘子,悬挂在枝头上,宛如燃烧的火焰,红红的,亮亮的,暖暖的,一派喜庆,一派吉祥。

涌泉橘子的品种有很多,最奇特的一种便是"天下一奇,吃橘带皮"。成熟的橘子外观呈扁圆形,果皮较薄,表面细滑,色泽金黄,凑近一闻,自带一股果实的清香。拿一个轻轻剥开皮,橘肉便晶莹通透地呈现在眼前,撕开附在橘瓣上的白色筋脉,那水润柔软的样子,引诱着你的唾液腺,让你情不自禁地直咽口水。放进嘴里,轻轻一嚼,满嘴爆汁的满足感让人特别有幸福感。

　　自从有了自采自摘的项目,每个周末,都会有人开着车子,带着小孩来摘橘子。橘园里人声鼎沸,摘果子的、看风景的,进进出出的人群中是他们盈盈的笑意。只见他们手里握着一把剪刀,提一只自制的竹篮,在橘园里来回穿梭。他们或站或蹲,枝丫间是密密麻麻红灯笼般的橘子,他们的脸颊上衣袖里,浸染着浓浓的橘香。有时候幸福是一种触摸得到的东西,当结满果子的橘树就在你的眼前,不需要你千山万水去跋涉,也不需要花很大的精力去挑选,只要伸伸手,就可以任你采摘。看中哪一个,就轻松自然地摘下。那份轻巧,那份自在,那份满足,任谁都无法想象,只有置身这一片橘园时,才能真真切切地感受来自心底的喜悦。

　　想起小时候,很少能吃到水果,看到邻居家的那棵橘树,碧绿的枝头挂着一个个小金果,怎能不动心呢? 可是,又不敢去摘,只有满眼羡慕的份儿。一晃这么多年过去了,橘子成了人们必备的水果。秋天橘子成熟时,随时都可以让你一饱口福。而且涌泉的橘子特别甜,糖度一般都在 12 度以上,最高可达 18 度,而且化渣性特好。 一片橘子放入口中,片刻化为无形,只留下满口琼浆,让你久久回

● 橘

味,难以忘却。最喜一个人坐在橘树下,四周是寂静的橘园。阳光透过枝叶,琉璃一样的光泽照过来,内心一片安然。随手从头顶的橘树上摘一个橘子,慢慢地剥开橘皮,露出一瓣一瓣的橘肉,酸甜的汁水在你口腔回旋,时光慢慢消逝,这种慢生活写意和闲适是可遇不可求的。

诗人朋友江南老戴,他把生活过成这般模样,在他的小院里,熬着各种各样的膏,有橘子、枇杷、桑葚、杨梅、梨膏。他赋予橘子一个美好的诗意。

他说:

> 阳光,覆盖橘园,光的阴影上浮着蜜橘
>
> 树叶之间,水舒缓地流淌
>
> 有三三两两的白鹭飞过,它们投射下的
>
> 鸟鸣轻柔虚无,被风吹皱的秋天
>
> 如果午后敞开一扇透明的门
>
>
> 你跟着我,坐在院子喝橘膏茶
>
> 阳光覆盖我们,将影子融在一起,不分彼此

橘满框

附录 涌泉历史沿革

时　间	历　史
晋代	涌泉历史上第一个行政区域,称长乐乡,属临海县。时桐峙山属保乐乡
宋代(北宋)	临海县城划十五坊五巷,农村划十宋五乡,乡下为里。北宋一乡辖一里,南宋一乡辖二至六里,全县合四十四里。北宋时,涌泉称长乐乡,辖碛村里
宋代(南宋)	涌泉称长乐乡,辖正教、上义、连碧三里
元代	元初改乡,里为都、图,临海。县计六十八都,一百三十四图。涌泉属长乐乡为卅三、卅四、卅五都,八个图。沿至清初未变
清雍正四年(1726)	改称乡、庄,临海县仍为十五乡,初一百四十九庄,后加海涂扩展五庄,共一百五十四庄。县城分为东南、西南、西北、东北四隅,附城郭庄
光绪三十四年(1908)	施行地方自治,5万人以上为镇,以下为乡,乡下辖庄。涌泉仍属长乐乡
宣统元年(1909)	行新政,城乡成立自治区,建立乡镇议事会
民国初	沿用旧制
民国三年(1914)	取消自治制度,至五年(1916)又恢复。属临海县第六区涌章镇
民国八年(1919)	改行村制,为地方自治,设乡自治议会
民国十七年(1928)	县以下设区、村、里、闾、邻,五户为闾;闾以上在乡为村,在城为里;百户以上编为乡镇,不满百户者联并成乡
民国十八年(1929)	推行村里制,在乡为村,在城为里,百户以上为乡镇,不满百户者联并成乡

续　表

时　间	历　史
民国十九年(1930)2月	推行闾邻制,以5户为邻,5邻为闾,属涌章镇
民国二十二年(1933)4月	废村里制,复行乡镇制,临海县划分九区,属第六区涌泉乡
民国二十四年(1935)12月	撤并乡镇,废闾邻,行保甲制,县下建区,临海县分4区,涌泉属第三区海门区
民国三十六年(1947)6月	重行乡镇保甲制,临海县分为六个区,属第六区海门区涌泉乡、玉岘乡。其中桐峙乡属第五区杜桃区。辖9保120甲
1949年5月29日	临海解放。10月,涌泉乡人民政府建立
1956年3月	改称涌泉乡人民委员会
1983年11月	改称涌泉乡人民政府
1984年11月	改称涌泉镇人民政府
1992年5月20日	兰田、管岙、玉岘3个乡并入涌泉镇
至2005年5月12日	涌泉镇辖45个行政村
2005年5月12日	部分户籍在300人以下或者常住人口在200人以下的行政村进行撤并:前路、杨梅周、南坑、夏山四村合并为联合新村;里山、外山、东院三村合并为大山村;盘湖、茶园两村合并为联谊村。撤并后,涌泉镇共辖行政村39个
2018年年底	村庄规模调整,最终定为32个行政村;32个行政村分别是:三村村、前坊村、泾东村、西翁村、延恩村、新前塘村、长乐村、岩园村、上周村、店头村、横山前村、梅岘村、泾西村、兰田村、兰田张村、新屋村、东林村、上保村、塘头村、炉头村、新花街村、西庄村、后泾村、西柯岙村、管岙村、沙渚村、石中村、西戎旗村、东戎旗村、东岙村、巷弄村、西管岙村

后　记

"一年好景君须记,最是橘黄橘绿时。"一幅画,一首诗,让你走进了涌泉。古朴的小镇,环山面海,与山与海与人都藏有无尽的故事。涌泉,文化醇生态美,以亿万光阴烙印地质奇观、以传承蜜橘蓬勃农业发展、以千年古刹映衬人文情怀、以才人辈出丰厚文化底蕴,山水、蜜橘、历史、名士……在涌泉,见证了他们的交汇与融合。

解读钟灵毓秀的小镇,我们用全新的视角,期愿把最美人杰和地灵,描绘出来并展现给读者。《橘黄橘绿时》的编纂起步于2022年5月,正值涌泉橘花飘香,截止完书之时,共历一年酝酿。在这些日子里,我们用文字与相片承载涌泉的古往今来,最终在《橙黄橘绿时》中描绘下如今的魅力涌泉。悠久的历史、传奇的故事、杰出的名士、淳朴的民风、秀美的生态等和留存了文人墨客的赞誉篇章,绘制了一幅物华天宝、人杰地灵的"甜美涌泉"生态画卷。

在编纂的过程中,我们获得了很多新的体会,更进一步地走进了涌泉。村镇是必不可缺的社会细胞,承载着一方水土数百年的风雨变迁。如何更好地叙述好涌泉佳话,是我们总在探讨的话题。为把《橘黄橘绿时》以更加真实的面貌呈现给大众,我们走进博物馆查阅,走访乡间记录,走遍小镇探寻。每当我们陷入山重水复疑无路之时,总会寻得柳暗花明又一村之机。正如涌泉这座小镇,充满新的机遇与生命力。云开雾散,雨后初晴,所有的这些回忆都一并构成涌泉的乡土风情。

　　书稿的完成来之不易，多得多方的努力与协助，使《橘黄橘绿时》得以面世。首先要感谢涌泉镇政府领导及工作人员，始终支持与配合着我们的工作，为我们提供了珍贵的资料，向我们提出了很多宝贵的意见或是建议；感谢涌泉镇的村民们，温暖淳朴的民风也常常让我们感动；我们还要感谢一直以来都严谨细致地对待编写工作的编写委员组，用文字与相机记录下了许多动人瞬间。

　　《橙黄橘绿时》不仅是为了记录历史过去，更是启发对未来的思考。希望通过我们的解读，能让读者了解历史，触摸原生态的生活，感受小镇岁月的沉淀与变迁，感受当地人文风情的脉韵和气息。涌泉镇如今已跟上时代的命脉，在传承历史的基础上走上了属于自己的农业发展大道。我们在书中记录着涌泉镇的前世今生，不仅有古韵涌泉，更有现代涌泉。我们真诚地希望《橘黄橘绿时》能够对读者朋友们有所启发，更希望能让读者朋友们对涌泉有新的认识！我们也十分期待在橘黄橘绿时在涌泉与您相见。

　　乡镇千秋汇于一书，难免会有遗珠。书稿收笔之时，仍觉有不足。若有贻误之处，望读者朋友见谅并赐教指正。

　　美哉涌泉，风光大美！

227